Guía práctica del IRPF
Rendimientos del trabajo

Andrea Lozano Carreras

Título: Guía práctica del IRPF. Rendimientos del trabajo
© 2017, Andrea Lozano Carreras
©De los textos: Andrea Lozano Carreras
Ilustración de portada: Andrea Lozano Carreras
1ª edición
Todos los derechos reservados
ISBN–13: **978-1985187375**

Introducción

El IRPF o Impuesto sobre la Renta de las Personas Físicas es un impuesto que pagan los contribuyentes de sus rentas obtenidas durante un año natural (detallaremos más adelante el concepto). La renta que una persona física puede obtener tiene varios componentes como: rendimientos del trabajo, rendimientos de capital mobiliario, rendimientos de capital inmobiliario, ganancias o pérdidas patrimoniales e imputaciones de renta. Este libro **solo** trata el tema de los **rendimientos del trabajo**, prácticamente te enseña, con variedad de ejemplos, a calcular el IRPF de tu nómina. Te explica porque es importante comunicar a la empresa tu situación personal y familiar y las variaciones producidas en el año, con el fin de calcular un porcentaje del IRPF correcto y así evitar las sorpresas a la hora de hacer la declaración de la renta.

Este manual no te convertirá en un experto en la materia. El objetivo es acercarte al entendimiento del IRPF y tener una base lo suficientemente sólida y amplia para que puedas sentarte en una mesa, coger un boli y un papel y calcular tu porcentaje del IRPF.

Este curso se divide en dos bloques: una parte de teoría y una parte práctica, con 36 casos prácticos resueltos paso a paso e incluyendo comentarios en aquellas soluciones que presentan alguna dificultad.

Como autora de este libro, estoy muy interesada en escuchar tu opinión. Si este libro te sirvió, por favor dímelo. Por otra parte, si tienes sugerencias para mejorarlo, estoy encantada de escucharte.

Puedes contactar conmigo aquí: andrealozanocarreras@yahoo.com.

Muchas gracias,
Andrea Lozano Carreras

Índice

1. IRPF. CONCEPTO GENERAL 9
2. RENDIMIENTOS DEL TRABAJO 10

    2.1. Rendimientos brutos dinerarios 11
    2.2. Retribuciones en especie 14
    2.3. Ingreso a cuenta 18

3. EL TIPO IMPOSITIVO 19
4. REDUCCIONES POR IRREGULARIDAD (ART. 18 DE LA LIRPF) 21
5. GASTOS DEDUCIBLES (ART. 19 DE LA LIRPF) 23
6. REDUCCIÓN POR RENDIMIENTOS DE TRABAJO (ART. 20 DE LA LIRPF) 24
7. ESCALA DE RETENCIÓN 25
8. MÍNIMO PERSONAL Y FAMILIAR 26

    8.1. Mínimo del contribuyente 26
    8.2. Mínimo por descendientes 26
    8.3. Mínimo por ascendientes 27
    8.4. Mínimo por discapacidad 28

9. DETERMINACIÓN DE LA CUOTA DE RETENCIÓN 29
10. REGULARIZACIÓN DEL TIPO IMPOSITIVO 30
11. SUPUESTOS PRÁCTICOS 31

    11.1. Aplicación del mínimo personal, familiar y por discapacidad 31
    11.2. Rendimientos de trabajo irregulares 43
    11.3. Valoración de rentas en especie 51
    11.4. Gastos de locomoción, manutención y estancia 59
    11.5. Pensiones compensatorias y anualidades por alimentos 65
    11.6. Regularización de las retenciones 71
    11.7. Prestaciones por pensiones 79

1. IRPF. Concepto general

El **Impuesto sobre la Renta de las Personas Físicas (IRPF)** es un tributo que grava, durante un año natural, la renta obtenida por las personas físicas residentes en España o contribuyentes, de acuerdo con su naturaleza y sus circunstancias personales y familiares.

De tal forma podemos considerar que el IRPF es un impuesto *directo* (porque grava directamente la persona física), *personal* (se fija en la persona, no en el bien), *progresivo* (cuanto más gane una persona, mayor será el porcentaje de IRPF que pagará a la Hacienda Pública), *subjetivo* (siempre se tiene en cuenta la situación personal y familiar de cada contribuyente) y *periódico* (se tributa anualmente).

Con carácter general, todas las personas físicas con residencia habitual en España están obligadas a presentar la declaración del IRPF con el fin de regularizar su situación fiscal: en cada nómina se retiene una parte de IRPF y al final de cada año, en la declaración de la renta, se ajusta lo retenido para saber si corresponde pagar más o recibir la devolución de una parte.

No estarán obligados a presentar declaración del IRPF los contribuyentes que obtengan exclusivamente **rendimientos del trabajo inferiores a 22.000 € anuales** provenientes de un solo pagador o varios pagadores si la suma de las cantidades percibidas del segundo y restantes pagadores, por orden de cuantía, no supera la cantidad de 1.500 € brutos anuales. En el caso en el que el segundo y restantes pagadores hayan retribuido por encima de los 1.500 €, el límite de los 22.000 € para no tener obligación de presentar declaración del IRPF se disminuye a 12.000 € brutos anuales.

2. Rendimientos del trabajo

El art. 17 LIRPF expone que "se considerarán rendimientos íntegros del trabajo todas las contraprestaciones o utilidades, cualquiera que sea su denominación o naturaleza, dinerarias o en especie, que deriven, directa o indirectamente, del trabajo personal o de la relación laboral o estatutaria y no tengan carácter de rendimientos de actividades económicas". Lo definitorio en los rendimientos del trabajo es su origen por cuenta ajena.

Se deben incluir las retribuciones fijas y las variables previsibles que se presumirán, como mínimo, las obtenidas en el año anterior, siempre que no concurran circunstancias que permitan considerar de manera objetiva un importe inferior.

No hay obligación de calcular y retener impuesto si las retribuciones totales anuales del trabajador no superan los límites del cuadro de abajo, según su situación familiar y el número de descendientes. Este cuadro no se aplica en el caso de los tipos fijos de retención (ej. para rendimientos derivados de impartir cursos conferencias, coloquios, seminarios y similares, derechos de imagen, administradores, etc.) y cuando existen tipos mínimos de retención (ej. se aplica un retención mínima del IRPF de 2 % para los contratos temporales, contratos en prácticas, etc.).

Ejemplo 7

Tabla 1 Mínimos sujetos a la retención del IRPF según la situación familiar del contribuyente

Situación del trabajador o contribuyente	Numero de descendientes (solteros menores de 25 años o mayores discapacitados que convivan con el contribuyente y no tengan rentas superiores a 8.000€, excluidas las exentas)		
	0	1	2 o más
Unidades familiares monoparentales (soltero, viudo, divorciado y separado legalmente)	-	14.266	15.803
Contribuyente con cónyuge a cargo (el cónyuge no obtiene rentas anuales superiores a 1.500€, excluidas las exentas)	13.696	14.985	17.138
Resto de situaciones (solteros sin hijos, casados cuyo cónyuge tiene rentas anuales superiores a 1.500€, excluidas las exentas, etc)	12.000	12.607	13.275

Las cantidades del cuadro anterior se incrementan en 600€ para pensiones y en 1.200€ para prestaciones o subsidios por desempleo.

2.1. Rendimientos brutos dinerarios

El rendimiento bruto dinerario consiste en todo lo que se cobre en dinero como contrapartida del trabajo realizado por cuenta ajena.

Se consideran *rendimientos brutos dinerarios* y se incluyen:

1. Los **sueldos y salarios** (también las **pagas extras**) – se computan por el bruto, sin tener en cuenta las retenciones;

2. Las **prestaciones por desempleo** (como excepción se puede de cobrar el paro sin impuestos en forma de pago único – Ejemplo 14);

3. Las remuneraciones en concepto de **gastos de representación**;

4. Las **prestaciones públicas procedentes de la Seguridad Social** como: pensiones de viudedad (Ejemplo 32), pensiones de jubilación, prestaciones por incapacidad temporal o permanente. Hay *3 excepciones*:

- la pensión de orfandad (no se declara);
- las prestaciones de la Seguridad Social por hijo a cargo, nacimiento, parto múltiple, adopción e hijos a cargo, maternidad, acogimiento de menores;
- las prestaciones reconocidas al contribuyente por la Seguridad Social o por las entidades que la sustituyan como consecuencia de Incapacidad Permanente Absoluta o Gran Invalidez.(Ejemplo 36)

5. Las **dietas** y **asignaciones** para gastos de viaje con los límites reglamentariamente establecidos que detallaremos más adelante;

6. Las prestaciones procedentes de un **plan de pensiones** (Ejemplo 35)

7. Las **indemnizaciones por despido** o **cese del trabajador** – se consideran rendimientos del trabajo pero pueden estar exentos de tributar hasta la cantidad máxima establecida de 180.000 euros y solo para los despidos que se produzcan desde el 1 de agosto de 2014. También estarán exentas de tributación aquellas indemnizaciones por despido por causas objetivas, siempre que no se supere el máximo legal de 20 días

por año trabajado, con un tope de doce mensualidades. (Ejemplo 13). En el caso del despido realizado bajo pacto o de mutuo acuerdo, la indemnización recibida por el trabajador está sujeta a tributación. Para no tener problemas, los pactos de indemnización por despido, deben tramitarse ante el Órgano correspondiente de Mediación Arbitraje y Conciliación; solo así Hacienda reconocerá las cantidades como indemnización.

8. Las **pensiones compensatorias** y las **pensiones alimenticias** (Ejemplo 26), salvo aquellas que se establecen judicialmente en favor de los hijos;

> a. *Pensión compensatoria* – es una indemnización establecida por un juez cuando considere que como consecuencia del matrimonio y atención a la familia, uno de los cónyuges ha perdido oportunidades en el mercado laboral (ej. el ama de casa). Fiscalmente, para quien la cobra será rendimiento del trabajo y para quien la paga será reducible de la base imponible siempre que haya sido establecida judicialmente.(Ejemplo 25, Ejemplo 27)
>
> b. *Pensión alimenticia* – es la cantidad que un cónyuge paga al otro cónyuge que tiene la custodia de los hijos por la atención de los mismos.La pensión de alimentos no se extingue cuando los hijos cumplan la mayoría de edad, sino que continúa la obligación de pago mientras se estén formando. Fiscalmente, para quien la cobra (los niños) está exenta, siempre que haya sido aprobada por decisión judicial y para quien la paga no es deducible de la base imponible.(Ejemplo 24)

9. Las aportaciones realizadas a un **patrimonio protegido** en favor de una persona discapacitada;

10. Cantidades cobradas por **cursos, seminarios, conferencias**, etc., y las **becas que no estén exentas** (en general están exentas la becas de investigación y las becas de estudio concedidas por un organismo público, una fundación o una ONG destinadas a cursar estudios reglados, bien sea en España como en el extranjero y en cualquier nivel y grado educativo).

11. Las retribuciones de **administradores de las sociedades**.

Los *gastos de locomoción* son las cantidades recibidas por el trabajador para compensar los gastos de viaje que se produzcan fuera de la fábrica, taller, oficina… donde se realice habitualmente el trabajo. Para que los gastos de locomoción no tributen, deben cumplir las siguientes condiciones:

- cuando se utilice el transporte público, el importe del gasto realizado se tiene que justificar mediante factura o documento equivalente;
- cuando se utilicen medios de transporte privados, la cantidad que resulte de computar es de 0,19 euros por kilómetro recorrido, siempre que se justifique la realidad del desplazamiento;
- gastos de peaje y aparcamiento que se justifiquen.

El exceso recibido sobre las cuantías indicadas se debe declarar en la declaración de la renta y está sujeto a retención como rendimientos íntegros del trabajo. Por otra parte, las multas de tráfico y aparcamiento no son consideradas como gastos de locomoción y están sujetas a retención, así como las cantidades recibidas por desplazamientos del trabajador de su domicilio habitual al lugar del trabajo, aunque se trate de municipios distintos. (Ejemplo 22)

Los *gastos de manutención y estancia* incluyen las cantidades destinadas por la empresa a compensar los gastos normales de manutención y estancia en restaurantes, hoteles y demás establecimientos de hostelería siempre que estos gastos se produzcan en municipio distinto del lugar de trabajo habitual del empleado y de su residencia. Cuando el período de estancia es continuado y superior a nueve meses en un mismo municipio, las cantidades recibidas no estarán exentas de tributación.

Las cuantías máximas diarias no gravadas quedan delimitadas según las siguientes reglas:

a. si *no se pernocta* en municipio distinto del lugar de trabajo y/o residencia:

– para desplazamientos nacionales: 26,67 €/día;
– para desplazamientos al extranjero: 48,08 €/día;

b. si *se pernocta* en municipio distinto del lugar de trabajo y/o residencia;

- por gastos de estancia – los importes que se justifiquen mediante factura o documento similar;
- para desplazamientos nacionales: 53,34 €/día;
- para desplazamientos al extranjero: 91,35 €/día

En el caso de los conductores de vehículos de transporte de mercancías por carretera, no se exige una justificación documental de los gastos de alojamiento que no excedan de 15 €/día, si se producen por desplazamientos nacionales, o de 25 €/día, si corresponden a desplazamientos a territorio extranjero. (Ejemplo 20, Ejemplo 23)

En el caso del personal de vuelo de las compañías aéreas, las cuantías de los gastos de manutención no pueden exceder 36,06 euros diarios, si corresponden a desplazamientos nacionales y 66,11 euros diarios si corresponden a desplazamiento a territorio extranjero.

Para los trabajadores contratados específicamente para prestar sus servicios en centros de trabajo móviles o itinerantes, las asignaciones por gastos de manutención y estancia estarán exentas cuando correspondan a desplazamientos a municipio distinto del que constituya la residencia habitual del trabajador.

Las cantidades que se abonen al trabajador por traslado de puesto de trabajo a municipio distinto quedan exentas siempre y cuando que el traslado viene con un cambio de residencia y las cantidades recibidas se refieran a gastos de locomoción y manutención y a los gastos derivados del traslado del mobiliario y enseres. (Ejemplo 21)

2.2. Retribuciones en especie

Las retribuciones en especie, como complemento al pago en dinero, surgen cuando algunos empleados reciben el derecho de utilización, consumo u obtención, para sus fines personales (requisito indispensable) de bienes, derechos o servicios de forma gratuita o por un precio inferior al normal del mercado. El salario que se recibe en especie debe de estar indicado, desglosado (en el caso de recibir varios tipos) y cuantificado en la nómina.

Este tipo de salario no podrá ser nunca superior al 30 % del total del salario, y además el salario en dinero no podrá ser nunca inferior al salario mínimo interprofesional. Normalmente, la retribución en especie tributa en la declaración de la renta, aunque en algunos casos puede estar exenta.

Las retribuciones en especie suponen un ingreso para el trabajador y, por tanto, deben tener un valor que se refleja en la nómina. Por otra parte, el empresario está obligado a efectuar un ingreso a cuenta sobre estas, una vez valoradas según los criterios que vamos a analizar.

Se consideran *salarios en especie y se valoran*:

1. Vivienda. La empresa puede poner a disposición del trabajador una casa, propiedad suya o alquilada, gratis o por un precio rebajado respecto al precio del mercado. Sea la vivienda propiedad o no de la empresa, se valora igual: por el 10 % del valor catastral (5 % si este ha sido revisado a partir del 1 de enero de 1994). Si la vivienda careciera de valor catastral, se tomara el 50 % del mayor de los siguientes valores: el comprobado por la Administración a efectos de otros tributos o el precio, contraprestación o valor de adquisición del inmueble, y a este valor se le aplicará el 5 %. El resultado no podrá exceder del 10 % de las restantes contraprestaciones del trabajo. (Ejemplo 15)

2. Coche de empresa. En el supuesto de entrega al trabajador quien se convierte en propietario del vehículo, la retribución en especie se valorará por el coste de adquisición para la empresa, incluidos los tributos que graven la operación (IVA, impuesto de matriculación, derechos arancelarios...). En el supuesto de uso del vehículo por cualquier título, sin que el trabajador adquiera la propiedad del mismo, la valoración será del 20 % anual del coste de adquisición anterior. Si el vehículo no es propiedad de la empresa, el porcentaje del 20 % se aplicará sobre el valor de mercado del vehículo si fuese nuevo. En el caso de que el vehículo tenga un uso mixto (uso laboral y fines particulares), la valoración se realizará teniendo en cuenta las reglas anteriores pero utilizando un criterio de reparto y valorando solo la disponibilidad para fines particulares. La valoración se podrá reducir hasta en un 30 % cuando sean considerados eficientes energéticamente; (Ejemplo 16, Ejemplo 18)

3. Comida. Aquí tenemos que distinguir entre dos posibilidades:
- si el trabajador come en el propio comedor de la empresa, no se considera rendimiento en especie y no se declara nada, está exento;
- si la empresa le paga al trabajador la comida fuera, será rendimiento en especie a partir de 9 euros al día (por ej. si un trabajador recibe durante un año 248 vales de comida por valor de 12 € cada uno el tendrá que declarar como rendimiento en especie 248 x (12 € - 9 €)= 744 €)

4. Seguros. Se valoran mediante la prima que haya pagado la empresa, incluidos los tributos que graven la operación; hay 3 excepciones:
- Seguro de accidente laboral;
- Seguro de responsabilidad civil por daños causados en el trabajo (ej. médicos);
- Seguro médico: la exención tiene un límite anual de 500 euros por cada miembro de la familia del trabajador (cónyuge y descendientes). Si un miembro de la familia tiene alguna discapacidad, el límite es de 1.500 € anuales.

5. *Préstamos concedidos por la empresa a tipos de interés inferiores al interés legal del dinero*. La valoración vendrá dada por la diferencia entre ambos. (Ejemplo 17)

6. Contribuciones a planes de pensiones. Se consideran rendimientos en especie y a la vez son deducibles de la base imponible para corregir un problema de doble imposición a declararlas dos veces al realizar la aportación y al cobrarlas (primero se declara como retribución en especie y más adelante como rendimiento dinerario - cuando se rescata el plan de pensiones). Los planes de pensiones son los únicos que no llevan ingresos a cuenta.

7. Formación. Aquí también tenemos dos situaciones:
- si la empresa tiene un interés directo en la formación que financia al trabajador (ej. la empresa paga a los empleados un curso de técnicas de ventas) – no se considera rendimiento en especie y no se declara;

– si la empresa no tiene un interés directo en la formación que paga al empleado o a sus hijos (ej. la empresa paga a los hijos del empleado un curso de manualidades) – se considera rendimiento en especie y se valora por el coste.

8. Los productos o servicios que constituyan el objeto de la actividad de la empresa, la valoración no podrá ser inferior al precio ofertado al público del bien, derecho o servicio de que se trate.

Sin embargo, hay determinadas entregas o servicios para los trabajadores que *no se consideran retribuciones en especie*, y por tanto, están exentos tanto de cotización a la Seguridad Social, como de Tributación a la Agencia Tributaria:

1. Cursos de reciclaje profesional del personal empleado, cuando vengan exigidos por el desarrollo de sus actividades o las características de los puestos de trabajo;

2. La entrega de forma gratuita o por precio inferior al normal de mercado, de acciones o participaciones de la propia empresa o de otras empresas del grupo mercantil siempre y cuando: la entrega se haga a todos los trabajadores de la empresa sin discriminación, que no exceda de 12.000 euros anuales para cada trabajador y que los títulos se mantengan tres años a contar desde el ejercicio de la opción de compra. (Ejemplo 19)

3. La utilización de los bienes destinados a los servicios sociales y culturales del personal empleado (por ej. los locales destinados a prestar el servicio de primer ciclo de educación infantil a los hijos de los trabajadores, así como la contratación de este servicio con terceros autorizados);

4. Las cantidades satisfechas para el trasporte colectivo de los trabajadores con la finalidad de favorecer el desplazamiento de los mismos entre su lugar de residencia y el centro de trabajo, con el límite de 1.500 euros anuales para cada trabajador.

2.3. Ingreso a cuenta

Como ya vimos desde el principio, cuando el rendimiento de trabajo es dinerario, el empresario se ve obligado de retener e ingresar en Hacienda un porcentaje del mismo como anticipo. Cuando las rentas son en especie, eso resulta técnicamente imposible o muy difícil de gestionar. El ingreso a cuenta es una retención modificada, una expresión del pago anticipado del IRPF respecto a las retribuciones en especie. En concepto, por tanto, retenciones e ingresos a cuenta son lo mismo.

Respecto sobre quién debe soportar el ingreso a cuenta, el Estatuto de los Trabajadores establece que todas las cargas fiscales y de Seguridad Social a cargo del trabajador serán satisfechas por el mismo, todo pacto en contrario siendo considerado nulo. Por otra parte, el art 43 LIRPF contempla la posibilidad de que sea el empresario el que paga el ingreso a cuenta pero en este caso, la carga tributaria incrementará el valor de la retribución en especie (por ej. si un trabajador recibe un portátil valorado en 700 € , tiene un tipo impositivo del 15 % y el ingreso a cuenta:

– se le repercute, el valor final de la retribución en especie será de 700 €;

– no se le repercute, el valor final de la retribución en especie será de 700 + (700 x 15%) = 805 €).

Evidentemente, en la práctica nos encontramos ambas situaciones.

3. El tipo impositivo

El tipo impositivo o tipo de gravamen es la cifra, coeficiente o porcentaje que se aplica a la base liquidable para obtener como resultado la cuota íntegra.

Para calcular el tipo de retención se parte de la totalidad de las retribuciones anuales del trabajador (fijas, variables previsibles, dinerarias o en especie) para minorarlas en una serie de reducciones y gastos deducibles (cotizaciones a la Seguridad Social, aportaciones a planes de pensiones, mutualidades generales obligatorias de funcionarios, cotizaciones a colegios de huérfanos o entidades similares, etc.) junto a una cantidad de 2.000 euros por obtención de rendimientos del trabajo con independencia de la cuantía que estos alcancen. Tenemos así la base de calculo1.

El siguiente paso es calcular el mínimo personal y familiar que será el resultado de sumar el mínimo del contribuyente y los mínimos por descendientes, ascendientes y discapacidad, siempre y cuando convivan con el trabajador y cumplan asimismo una serie de requisitos. Tenemos la base de calculo2.

Tanto a la base de calculo1 (siempre que sea positiva) como a la base de calculo2 se aplica la misma escala de retención, obteniendo la cuota1, respectivamente cuota2. Finalmente, calculamos la cuota de retención definitiva que resulta de la resta entre ambas.

Cuando la diferencia entre las cuotas 1 y 2 sea negativa o igual a cero, la cuota de retención será igual a cero. La cuota de retención será también igual a cero cuando la base para calcular el tipo de retención sea una cantidad negativa o igual a cero.

El último paso es el cálculo del tipo de retención (multiplicado por 100), como resultado de dividir la cuota de retención por las retribuciones anuales del trabajador.

Para determinar el tipo de retención, debemos seguir el siguiente esquema simplificado:

(+) Retribuciones totales anuales del trabajador (fijas y variables). Importe integro

(-) Reducciones por irregularidad (reducción para rentas de ciclo superior a dos años)

(-) Gastos deducibles (seguridad social, mutualidades generales obligatorias de funcionarios, etc…)

(-) Reducción por obtención de rendimientos de trabajo

(-) 600 € en el caso de pensionistas de la Seguridad Social o Clases Pasivas

(-) 600 € euros por más de dos descendientes

(-) 1.200 euros, en el caso de desempleados

(-) Pensión compensatoria al cónyuge

(-) Otros gastos (mínimo 2.000 euros)

(=) Base de cálculo x Escala de retención = Cuota1

(+) Mínimo del contribuyente

5.550 – con incrementos si el perceptor tiene 65 o más de años de edad

(+) Mínimo por ascendientes

(+) Mínimo por discapacidad

(=) Mínimo personal y familiar x Escala de retención = Cuota2

(+) Cuota1

(-) Cuota2

(=) Cuota de retención

Tipo de retención = Cuota de retención / Retribuciones totales x 100

El tipo de retención se expresa en números enteros, redondeándose al más próximo.

Importe anual de las retenciones = Tipo de retención redondeado x Retribuciones totales anuales

4. Reducciones por irregularidad (Art. 18 de la LIRPF)

Serán objeto de una reducción del 30 % las rentas que cumplan los requisitos siguientes:

- *que tengan un periodo de generación superior a dos años.* Si se produce el cobro fraccionado de estos rendimientos se podrá aplicar la reducción del 30 % siempre que el cociente resultante del fraccionamiento del número de años de generación, computados de fecha a fecha, entre número de años de fraccionamiento sea superior a dos;
- *que no se haya aplicado esta reducción en el plazo de los cinco períodos impositivos anteriores a aquello en el que sean exigibles estos rendimientos*.

Ha de tenerse en cuenta que la Ley del IRPF establece un límite cuantitativo de 300.000 euros anuales como cuantía máxima sobre la que aplicar la reducción, aunque existen límites concretos para determinados rendimientos.

Se califican como **rendimientos irregulares**, siempre que se atribuyan a un mismo período impositivo los siguientes:

1. Las *indemnizaciones por traslado del empleado a otro centro de trabajo* (que no se encuentren exentas del impuesto);

2. Las *prestaciones por incapacidad permanente, por lesiones no invalidantes* satisfechas por la empresa, por entes públicos o por mutuas; (Ejemplo 12)

3. Las *prestaciones por fallecimiento y gastos de sepelio o entierro que excedan del límite exento;*

4. *Las indemnizaciones por despido de mutuo acuerdo*;

5. Las cantidades pagadas en compensación o reparación de **complementos salariales, pensiones o anualidades de duración indefinida** o por modificación de las condiciones de trabajo;

6. Las cantidades en concepto de ***premios de permanencia dentro de la empresa*** por un periodo determinado de tiempo; (Ejemplo 10, Ejemplo 11)

7. Los ***rendimientos derivados del ejercicio de opciones de compra sobre acciones*** o participaciones por los trabajadores.

5. Gastos deducibles (Art. 19 de la LIRPF)

Tendrán la consideración de *gastos deducibles* exclusivamente los siguientes:

1. Las *cotizaciones a la Seguridad Social* o a mutualidades generales obligatorias de funcionarios;

2. Las *detracciones por derechos pasivos* (cotizaciones de los funcionarios para su jubilación);

3. Las *cotizaciones a los colegios de huérfanos o entidades similares*;

4. La *cuota de colegios profesionales*, solo cuando la colegiación tenga *carácter obligatorio* para la actividad que desempeña el trabajador – límite de 500 euros anuales;

5. La *cuota por estar afiliado a un sindicato* – no hay límite;

6. Los gastos de *defensa jurídica relacionados con pleito laboral* - con el límite de 300 euros anuales;

La nueva reforma fiscal establece una reducción de 2.000 euros anuales en concepto de otros gastos que puede verse incrementada en función de las circunstancias personales. A esta cantidad se van sumando otros 2.000 euros en el caso de contribuyentes desempleados que acepten un puesto de trabajo que exija un cambio de residencia (Ejemplo 8). También hay un incremento de 3.500 euros anuales para trabajadores activos discapacitados, que puede ser de 7.750 euros anuales si el grado de discapacidad es igual o superior al 65 % o el trabajador acredita necesitar ayuda de terceras personas o tiene movilidad reducida.

6. Reducción por rendimientos de trabajo (Art. 20 de la LIRPF)

Con carácter general, la ley contempla determinadas reducciones por obtención de rendimientos de trabajo inferiores a 14.450 euros siempre que no haya rentas, excluidas las exentas, distintas de las del trabajo, superiores a 6.500 euros. Para estos contribuyentes el importe de la reducción será:

Tabla 2. Reducción según rendimientos de trabajo

Rendimiento neto	Reducción
Hasta 11.250,00	3.700
Entre 11.250,01 y 14.450,00	3.700 – 1,15625 x (Rend. neto – 11.250)
Superior a 14.450,00	No hay

El rendimiento neto se calcula restando de los rendimientos totales los gastos deducibles.

En el caso de pensionistas y perceptores de haberes pasivos del régimen de la Seguridad Social y de Clases Pasivas, se reducirá adicionalmente la cantidad de 600 €.

Adicionalmente, se aplica una reducción de 600 € al perceptor que tiene más de 2 descendientes con derecho a la aplicación del mínimo por descendientes, que veremos a continuación.

7. Escala de retención

A la cantidad resultante de minorar el importe de las retribuciones totales con la reducción por irregularidad, los gastos deducibles y la reducción por rendimientos de trabajos le aplicamos la siguiente tarifa de retenciones aplicable en 2016.

Tabla 3. Escala de retención

Base de calculo	Cuota de retención	Resto base para calcular el tipo de retención	Tipo aplicable
Hasta euros	Euros	Hasta euros	Porcentaje
0,00	0,00	12.450,00	19,00
12.450,00	2.365,00	7.750,00	24,00
20.200,00	4.225,50	15.000,00	30,00
35.200,00	8.725,50	24.800,00	37,00
60.000,00	17.901,50	En adelante	45,00

Vamos a ver como se aplica la escala de retención.

1. Consideramos una base de cálculo de 20.000 euros. Si miramos el cuadro anterior observamos que a esta cantidad le corresponde la segunda fila. Hasta los primeros 12.450,00 la tabla nos da la cantidad de 2.365,00 euros. Para la cantidad restante de 7.550 euros (20.000 − 12.450) debemos aplicar el 24 % o sea 7.550 x 24 % = 1.812 euros, por lo que la cantidad vendrá dada por 2.365 € + 1.812 € = 4.177 €

2. Para una base de cálculo de 40.000 € le corresponde la cuarta fila (cantidad comprendida entre 35.200 € y 60.000 €) y la cuota de retención es 8.725,50 € + (40.000 € − 35.200 €) x 37% = 8.725,50 € + 1.776 € = 10.501,50 €

3. Para una base de cálculo de 60.000 € le corresponde una cuota de retención de 17.901,50 €.

4. Si consideramos una base de cálculo de 12.000 € nos situamos en la primera fila (cantidad comprendida entre 0 y 12.450 €) y la cuota de retención vendrá dada por 0 €+ (12.000 €- 0 €) x 19 % =2.280 €

8. Mínimo personal y familiar

Para calcular el mínimo personal y familiar hay que sumar el mínimo del contribuyente y los mínimos por descendientes, ascendientes y discapacidad, según la situación personal y familiar comunicada por el trabajador a la empresa.

8.1. Mínimo del contribuyente

Con carácter general, el mínimo del contribuyente será de 5.550 euros anuales. Cuando el contribuyente tenga una edad superior a 65 años, el mínimo se aumentará en 1.150 euros anuales. Si la edad es superior a 75 años, el mínimo se aumentará adicionalmente en 1.400 euros anuales (8.100 euros anuales).

8.2. Mínimo por descendientes

El mínimo por descendientes se puede aplicar cuando se cumplan todos y cada uno de los siguientes requisitos:
- que el descendiente sea menor de 25 años o discapacitado de cualquier edad;
- que el descendiente conviva con el contribuyente o que sea económicamente dependiente de este, salvo que existan anualidades por alimentos a favor de dicho hijo;
- que el descendiente no tenga rentas anuales superiores a 8.000 euros, excluidas las exentas.

Con carácter general, la ley fija los siguientes importes por cada descendiente que cumpla los requisitos indicados anteriormente:
- 2.400 euros anuales por el primero;
- 2.700 euros anuales por el segundo;
- 4.000 euros anuales por el tercero;
- 4.500 euros anuales por el cuarto y siguientes.

Cuando el descendiente sea menor de tres años, el mínimo se aumentará en 2.800 euros anuales. La misma deducción se aplica en caso de adopción o acogimiento, con independencia de la edad del menor, siempre que en el momento de la adopción o acogimiento la persona adoptada o acogida fuese menor de edad.

8.3. Mínimo por ascendientes

Para que un contribuyente pueda aplicar el mínimo por ascendientes, los padres, abuelos o bisabuelos han de estar unidos a él por un vínculo de parentesco en línea directa por consanguinidad o adopción. En ningún caso se considera ascendiente el familiar que lo es por afinidad (suegro, nuera, etc.) o por línea colateral (tíos, tíos abuelos). (Ejemplo 9)

El mínimo por ascendientes se puede aplicar cuando se cumplan todos y cada uno de los siguientes requisitos:
- que el ascendiente sea mayor de 65 años o discapacitado de cualquier edad;
- que el ascendiente conviva con el contribuyente al menos la mitad del período impositivo;
- que el descendiente no tenga rentas anuales superiores a 8.000 euros, excluidas las exentas.

Con carácter general, el importe de esta deducción queda establecido a 1.150 euros anuales por cada ascendiente del perceptor que cumpla los requisitos indicados; cuando el ascendiente sea mayor 75 años, la cantidad se aumentará en 1.400 euros anuales.

Dan derecho a la deducción también los ascendientes discapacitados que están internados en centros especializados si son dependientes económicamente del contribuyente.

En el caso de que el ascendiente fallece antes del 31 de diciembre pero ha convivido más de la mitad del periodo impositivo con el contribuyente, se podrá aplicar una deducción fija de 1.150 euros.(Ejemplo 28)

8.4. Mínimo por discapacidad

El mínimo por discapacidad está constituido por la suma del mínimo por discapacidad del contribuyente y del mínimo por discapacidad de ascendientes y descendientes.

Tabla 4. Mínimo por discapacidad

Grado de discapacidad reconocido	Contribuyentes	Descendientes	Ascendientes
Minusvalía entre 33% y 65%	3.000€	3.000€	3.000€
Minusvalía igual o mayor del 65%	9.000€	9.000€	9.000€

El mínimo por discapacidad tanto del contribuyente como de los descendientes o ascendientes se aumentará en 3.000 euros anuales (en concepto de gastos de asistencia), por cada uno de ellos que acredita necesitar ayuda de terceras personas o movilidad reducida, o tenga un grado de discapacidad igual o superior al 65 %.

Cuando dos o más contribuyentes tengan derecho a la aplicación del mínimo por descendientes, ascendientes o discapacidad, respecto de los mismos ascendientes o descendientes, las cuantías anteriores se prorratearan por partes iguales.

9. Determinación de la cuota de retención

Como antes lo hemos explicado, teniendo la base para calcular el tipo impositivo y el mínimo personal y familiar debemos aplicar la escala de retención vigente para el año 2016. La cuota de retención vendrá dado por:

(+) Base para calcular el tipo de retención x Escala de retención
(-) Mínimo personal y familiar x Escala de retención
(=) Cuota de retención

Para los contribuyentes con retribuciones inferiores a 22.000 euros anuales, la cuota de la retención tiene como límite máximo el resultado de aplicar el 43 % a la diferencia positiva entre el importe de la cuantía total de retribución y el que corresponda, según su situación, de los mínimos excluidos de retención (Tabla 1 - Mínimos sujetos a la retención del IRPF según la situación familiar del contribuyente)

10. Regularización del tipo impositivo

Como lo hemos comentado antes, la retención que se realiza en las nóminas se calcula a principio de año, teniendo en cuenta la situación personal y familiar de cada trabajador a 31 de diciembre, o bien al inicio del contrato de trabajo, pero siempre según la previsión de ingresos que tendrá el trabajador en el año o hasta final del contrato de trabajo en caso de que este sea temporal. La situación de cada trabajador se ha de comunicar a la empresa mediante el Modelo 145.

Si durante el año hay una modificación en la retribución (por causa de enfermedades, accidentes, bajas, ERE's, primas, comisiones, cambio de categoría, aprobación de un nuevo convenio, cambio de contrato de trabajo (Ejemplo 31) , anualidades establecidas jurídicamente (Ejemplo 30) etc.) o a consecuencia de un cambio en la situación familiar del trabajador (casamiento, nacimiento o adopción de hijos (Ejemplo 29), minusvalía etc.) la empresa deberá recalcular las retenciones a partir de los nuevos datos económicos y personales.

Con carácter general, la regularización de IRPF debe efectuarse a partir de la fecha en que se produzca cualquier cambio en la situación del trabajador, pero muchas empresas y asesorías hacen la regularización del IRPF únicamente en el mes de diciembre, provocando un incremento muy considerable en el porcentaje a retener en la nómina de este mes. Es importante mencionar que si una empresa le lleva reteniendo mal a un trabajador durante varios meses, aplicándole un IRPF inferior al que le correspondía y se da cuenta del error, la empresa no podrá hacer una regularización del IRPF sin el consentimiento del trabajador si no tendrá que aplicar el porcentaje correcto a partir de ese momento y la regularización se hará en la declaración de la renta correspondiente.

11. Supuestos prácticos

11.1. Aplicación del mínimo personal, familiar y por discapacidad

Ejemplo 1.
Juan es viudo y tiene a cargo 2 niños menores, uno de 10 años y otro de 20 años que a través del programa Work and Travel USA ha trabajado en el extranjero durante los 3 meses de verano, percibiendo 9.000 euros. Con Juan vive también su tío Miguel de 66 años que cobra anualmente una pensión de 7.500 euros. Las retribuciones anuales de Juan son de 24.000 euros y los gastos de seguridad social de 1.950 euros. Calcular el tipo impositivo.

Solución

Los rendimientos de trabajo percibidos por el hijo en el extranjero pueden quedar exentos de tributar siempre y cuando cumplan unos requisitos. El primero de ellos es que el trabajo se realice para una empresa o entidad que no sea residente en España o un establecimiento permanente radicado en el extranjero. En segundo lugar, se establece como requisito que en el territorio en que se realicen los trabajos se aplique un impuesto de naturaleza idéntica o análoga a la del IRPF y que dicho territorio no tenga la consideración de paraíso fiscal. Por lo visto, las rentas que obtuvo el hijo en los Estados Unidos se quedan exentas de la tributación y Juan puede aplicar la deducción por descendientes.

Por otro lado la convivencia con el tío Miguel no tiene relevancia a efectos fiscales para Juan; debe tenerse en cuenta que el tío no es un ascendiente, sino un pariente colateral, y no genera el derecho a aplicar el mínimo por ascendientes, aunque tenga más de 65 años y unas rentas inferiores a 8.000 euros.

(+) Retribuciones totales anuales = 24.000
(-) Gatos seguridad social = 1.950
(-) Otros gastos = 2.000
(=) BASE DE CÁLCULO = 20.050
Cuota de retención1 = 4.189 (1)   *(2.365 + (20.050–12.450) x 24%)*

(+) Mínimo personal = 5.550
(+) Mínimo por descendientes = 5.100
(=) MINIMO PERS. Y FAMILIAR= 10.650
Cuota de retención2 = 2.023,50 (2)   *(10.650 x 19%)*

Cuota de retención (1) – (2)= 2.165,50
El tipo de retención aplicable será igual a: (2.165,50 / 24.000) x 100 = 9,02%
Importe anual de las retenciones: 24.000 x 9,02% = 2.164,80 €

Ejemplo 2.

Miguel, casado y con dos hijos de 1 y 6 años tiene unos rendimientos brutos previstos de 30.000 euros en 14 pagas y unos gastos de seguridad social de 1.950 euros. Convive con el matrimonio la madre del contribuyente (de 72 años) que carece de rentas propias. Determine el tipo impositivo.

Solución
(+) Retribuciones totales anuales = 30.000
(-) Gatos seguridad social = 1.950
(-) Otros gastos = 2.000
(=) BASE DE CÁLCULO = 26.050
Cuota de retención1 = 5.980,50 (1)   *(4.225,50 + (26.050–20.200) x 30 %)*

(+) Mínimo personal = 5.550
(+) Mínimo por descendientes = 3.950   *(2.400 + 2.700 + 2.800) /2*
(+) Mínimo por ascendientes = 1.150
(=) MINIMO PERS. Y FAM. = 10.650
Cuota de retención2 = 2.023,50 (2)   *(10.350 x 19 %)*

Cuota de retención (1) − (2) = 3.957

El tipo de retención aplicable será igual a: (3.957 / 30.000) x 100 = 13,19 %

Importe anual de las retenciones: 30.000 x 13,19 % = 3.957 €

Ejemplo 3.

Marina es soltera y tiene dos hijos a cargo, uno de 10 años (sin rentas) y otro de 21 años con rentas anuales de 8.500 euros. Marina trabaja en dos empresas, por la mañana en la empresa A que le paga un sueldo anual de 15.000 € (la cotización a la Seguridad Social asciende a 952,5 €) y por la tarde en la empresa B donde cobra una renta anual de 7.500 € (descontándole 476,25 € por Seguridad Social). Determine el importe anual de las retenciones del IRPF.

Solución

Estamos ante un caso de pluriempleo. En esta situación Marina va a tener dos nóminas, cada una con su porcentaje del IRPF. Esto pasa porque cada pagador (la empresa) realiza el cálculo de la retención de IRPF en función del salario que paga al trabajador de forma individual y no en su conjunto.

Vamos el ver el calculó del IRPF que hace la empresa A.

(+) Retribuciones totales anuales = 15.000
(-) Gatos seguridad social = 952,50
(-) Otros gastos = 2.000
(=) BASE DE CÁLCULO = 12.047,50
Cuota de retención1 = 2.289,03 (1)   *(12.047,50 x 19 %)*

(+) Mínimo personal = 5.550
(+) Mínimo por descendientes = 2.400
(=) MINIMO PERS. Y FAMILIAR = 7.950
Cuota de retención2 = 1.510,50 (2)   *(7.950 x 19 %)*

Cuota de retención (1) − (2) = 778,53

El tipo de retención aplicable por la empresa A será igual a: (778,53 / 15.000) x 100 = 5,19 %

Importe anual de las retenciones en la nómina de la empresa A: 15.000 x 5,19 % = 778,50 €.

La empresa B paga a la trabajadora un sueldo de 7.500 € anuales. Como el límite de retención para una persona divorciada /viuda /separada legalmente y con un hijo a cargo (no tenemos en cuenta los descendientes con rentas superiores a 8.000 euros) es de 14.266 euros, *a priori* la empresa B no procede retener cantidad alguna (la empresa B puede saber o no que Marina está trabajando también en la empresa A y se limita hacer las cuentas solo teniendo en cálculo el sueldo que ella paga). Por lo tanto, Marina va a tener en la empresa A una nómina con un porcentaje del IRPF del 5,19% y en la empresa B una nómina sin retención en concepto del IRPF.

¿Qué pasa a la hora de hacer la Declaración de la Renta?

Cuando se hace la Declaración de la Renta, se suman los ingresos de la trabajadora, prácticamente lo que ha cobrado en la empresa A y en la empresa B, se realizan las deducciones y al final sale una cantidad a pagar de donde hay que restar las cantidades ya pagadas.

(+) Retribuciones totales anuales = 22.500
(-) Gatos seguridad social = 1.428,75
(-) Otros gastos = 2.000
(=) BASE DE CÁLCULO = 19.071,25
Cuota de retención1 = 3.954,60 (1)   *(2.365,50 + (19.071,25 – 12.450) x 24%)*

(+) Mínimo personal = 5.550
(+) Mínimo por descendientes = 2.400
(=) MINIMO PERS. Y FAM. = 7.950
Cuota de retención2= 1.510,50 (2)   *(7.950 x 19%)*

Importe anual de las retenciones = 2.444,10
Cantidades pagadas durante el año = 778,53
Diferencia a pagar =1.665,57

O sea durante el año, Marina ha devengado 22.500 € y ha pagado 778,53 € a la Hacienda en concepto de IRPF cuando le correspondía, según la tabla de retenciones, la cantidad de 2.444,10 €. Por tanto, tendría que haber pagado 1.665,57 € más, cantidad que se regularizará en la Declaración de la Renta (la Agencia Tributaria permite dividir el pago del IRPF en dos ingresos: la primera parte del 60 % se pagará a realizar la declaración mientras que el segundo plazo (40 %) se formaliza a principios del mes de noviembre.

Ejemplo 4.

Raúl, casado con cónyuge y dos hijos a cargo, uno de 15 años y el otro minusválido con discapacidad del 35 %, sin rentas, obtiene unas retribuciones anuales de 20.000 euros y los gastos de seguridad social son de 1.250 euros. Calcular el tipo impositivo.

Solución

El límite de retención para un trabajador que tiene a cargo a su cónyuge y dos hijos, uno de ellos minusválido es igual a 17.138 €, inferior a los ingresos anuales de 20.000 €, por lo tanto, debemos calcular el tipo de retención.

(+) Retribuciones totales anuales = 20.000
(-) Gatos seguridad social = 1.250
(-) Otros gastos = 2.000
(=) BASE DE CÁLCULO = 16.750
Cuota de retención1 = 3.397,50 (1)   *(2.365,50+ (16.750– 12.450) x 24%)*

(+) Mínimo personal = 5.550
(+) Mínimo por descendientes = 5.100   *(2.400- 1º hijo + 2.700 – 2ºhijo)*
(+) Reducción por discapacidad = 3.000
(=) MINIMO PERS. Y FAM. = 13.650
Cuota de retención2 = 2.653,50 (2)   *(2.365,50 + (13.650 – 12.450) x 24 %)*

Cuota de retención (1) – (2) = 744

El tipo de retención aplicable será igual a: (744 / 20.000) x 100 = 3,72 %

Importe anual de las retenciones: 20.000 x 3,72 % = 744 €

Ejemplo 5

Aitor vive con su pareja de hecho (Ana) y tres hijos menores de edad: un hijo de Aitor que tiene de 9 años, una niña de 6 años de Ana y otra niña de 2 años que es de los dos. Aitor percibe unas retribuciones anuales de 28.000 euros y los gastos de seguridad social ascienden a 1.500 euros. Calcular el tipo de retención.

Solución

Según el IRPF, la familia puede ser: formada por un matrimonio con o sin hijos menores de 18 años, y monoparental - la familia integrada por un padre o una madre (soltero/a, viudo/a o divorciado/a) con su hijos menores de edad.

Las parejas de hecho y las parejas sin vínculo matrimonial, a efectos de renta, no se les considera unidad familiar. Ahora bien, si tienen hijos pueden tributar como dos familias monoparentales, cada parte de la pareja con un hijo si es que hay dos, como es nuestro caso. Por lo tanto, el trabajador tiene derecho a aplicar el mínimo por descendientes por su hijo de 9 años y la mitad de la reducción por la hija de 2 años que tienen en común su pareja de hecho.

(+) Retribuciones totales anuales = 28.000
(-) Gatos seguridad social = 1.500
(-) Otros gastos = 2.000
(=) BASE DE CÁLCULO = 24.500
Cuota de retención1 = 5.515,50 (1)   *(4.225,50 + (24.500 – 20.200) x 30%)*

(+) Mínimo personal   = 5.550
(+) Mínimo por descendientes = 5.150 (2.400- 1º hijo + 2.700/2 – 2ºhijo + 2.800/2)

(=) MINIMO PERS. Y FAM.   = 10.700
Cuota de retención2 = 2.033 (2)   *(10.700 x 19%)*

Cuota de retención (1) – (2) = 3.482,50
El tipo de retención aplicable será igual a: (3.482,50 / 28.000) x 100 = 12,43%
Importe anual de las retenciones: 28.000 x 12,43 % = 3.480,40 €

Ejemplo 6
Lorea, casada y sin cónyuge a cargo, con una minusvalía de 40 % y un hijo de 2 años obtiene unas retribuciones anuales de 17.000 €; los gastos de seguridad social ascienden a 1.065 €. Determine el tipo de retención.

Solución

(+) Retribuciones totales anuales = 17.000
(-) Gatos seguridad social = 1.065
(-) Otros gastos = 5.500   *(2.000 + 3.500 – reducción por discapacidad de trabajadores activos)*
(=) BASE DE CÁLCULO = 10.435
Cuota de retención1 = 1.982,65 (1)   *(10.435 x 19%)*

(+) Mínimo personal = 5.550
(+) Mínimo por descendientes = 2.600   *(2.400- 1º hijo + 2.800 - para descendientes menores de 3 años)/2*
(+) Reducción por discapacidad = 3.000
(=) MINIMO PERS. Y FAM. = 11.150
Cuota de retención2 = 2.118,50 (2)   *(11.150 x 19%)*

Cuota de retención (1) – (2) = - 135,85
Al ser negativa la cuota de retención no corresponde aplicar ningún tipo de retención.

Ejemplo 7

Manuel tiene 25 años, es soltero y vive con madre de 50 años que tiene una pensión anual de 11.500 €. Manual trabaja como administrativo, contratado en prácticas por 9 meses. Sus retribuciones anuales ascienden a 12.500 € y los gastos de seguridad social suman 795 €. Calcular el tipo impositivo.

Solución

En el caso de los contratos con una duración inferior a un año, el tipo de retención aplicable es el obtenido de acuerdo con las circunstancias personales y familiares del trabajador, junto a su retribución, con un tipo de retención mínimo del 2 %.

El límite de retención para una persona soltera, sin hijos a cargo está en 12.000 €, por lo tanto, procedemos a calcular el tipo impositivo. Como las retribuciones anuales son inferiores a 14.450 € tenemos que calcular y aplicar la reducción por obtención de rendimientos de trabajos. El importe de dicha reducción vendrá dado por la fórmula (ver *Tabla 1. Reducción según rendimientos de trabajo*):

Reducción aplicable = 3.700 − 1,15625 (R.neto−11.250) = 3.173,91 €, donde R.neto = 12.500 −795 = 11.705 €

(+) Retribuciones totales anuales = 12.500
(−) Gatos seguridad social = 795
(−) Otros gastos = 4.000
(−) Reduc. por rendim. de trabajo = 3.173,91
(=) BASE DE CÁLCULO = 6.531,09
Cuota de retención1 = 1.240,91 (1)   (6.531,09 x 19 %)

(+) Mínimo personal = 5.550
(=) MINIMO PERS. Y FAM. = 5.550
Cuota de retención2 = 1.054,50 (2)   (5.550 x 19%)

Cuota de retención (1) − (2) = 186,41
El tipo de retención aplicable será igual a: (186,41 /12.500) x 100 = 1,49 %

Pues bien, tendríamos que aplicar una retención del 1,49 % pero por tratarse de un contrato de duración inferior al año, hay que aplicar un 2 % como mínimo. Si eso fuese el caso de un contrato con una duración del mismo igual o superior a un año, el tipo de retención aplicable seria el calculado anteriormente, o sea, el 1,49 %.

Importe anual de las retenciones: 12.500 x 2 % = 250 €

Ejemplo 8

Marta, viuda y con una niña de 5 años adoptada, que estaba inscrita en la oficina pública de empleo, es contratada el 1 de enero del 2015. Por aceptar el trabajo elle debe cambiar de residencia a otra localidad. Su retribución anual es de 23.750 € y los gastos de seguridad social ascienden a 1.520 €. Calcular el tipo impositivo.

Solución:

Según establece el artículo 19 de la Ley del Impuesto sobre la Renta (LIRPF), cuando un contribuyente desempleado sea inscrito en la oficina de empleo y acepta un puesto de trabajo que exija el traslado de su residencia habitual a un nuevo municipio, se podrá deducir, como otros gastos deducibles, la cantidad de 2.000 euros por movilidad geográfica.

(+) Retribuciones totales anuales = 23.750
(-) Gatos seguridad social = 1.520
(-) Otros gastos = 4.000
(=) BASE DE CÁLCULO = 18.230
Cuota de retención1 = 3.752,70 (1)   *(2.365,50 + (18.230 – 12.450) x 24 %)*

(+) Mínimo personal = 5.550
(+) Mínimo por descendientes = 2.400
(=) MINIMO PERS. Y FAM. = 7.950
Cuota de retención2 = 1.510,50 (2)   *(7.950 x 19%)*

Cuota de retención (1) – (2) = 2.242,20 €
El tipo de retención aplicable será igual a: (2.242,20 / 23.750) x 100 = 9,44 %

Importe anual de las retenciones: 23.750 x 9,44 % = 2.242 €

Ejemplo 9

Martin, casado, con 3 hijos de 12, 8 y 2 años, tiene una retribución anual de 23.100 €. Con el matrimonio convive la suegra de Martin que tiene 60 años y una minusvalía reconocida del 20 %. El hijo menor es minusválido con una discapacidad del 15 %. Calcular el tipo impositivo si los gastos de seguridad social anuales a cargo del trabajador son de 1.495 €.

Solución:

Como ya sabemos, para que el trabajador pueda aplicar la reducción por ascendientes, ellos han de estar unidos a él por un vínculo de parentesco en línea directa por consanguinidad o adopción y no por afinidad, que es el caso de los suegros. O sea Martin no puede aplicar dicha reducción pero tampoco lo podrá hacer su mujer dado que su madre no cumple el requisito de edad y la minusvalía reconocida es inferior al 33%. Por otra parte, la minusvalía del hijo menor, del 15% es considerada como leve y no da derecho a la aplicación de la reducción por discapacidad.

(+) Retribuciones totales anuales = 23.100
(-) Gatos seguridad social = 1.495
(-) Otros gastos = 2.000
(-) Reducción por tener más de 2 descendientes = 600
(=) BASE DE CÁLCULO = 19.005
Cuota de retención1 = 3.938,70 (1)   *(2.365,50 + (19.005 – 12.450) x 24%)*

(+) Mínimo personal = 5.550
(+) Mínimo por descendientes = 4.550   *(2.400€ + 2.700€ + 4.000€)/2*
(+) Aumento por descendiente menor de 3 años =1.400
(=) MINIMO PERS. Y FAM. = 11.500
Cuota de retención2 = 2.185 (2)   *(11.500 x 19%)*

Cuota de retención (1) – (2) = 1.753,70 €

El tipo de retención aplicable será igual a: (1.753,70 / 23.100) x 100 = 7,59%

Importe anual de las retenciones: 23.100 x 7,59 % = 1.753,29 €

11.2. Rendimientos de trabajo irregulares

Ejemplo 10

Enrique, casado con un hijo de 12 años, recibe una retribución anual de 30.000 euros. Durante el ejercicio, al cumplir los 20 años de permanencia en la empresa, recibe un premio de permanencia de 5.000 euros. Además, la compañía donde trabaja ha promovido un plan de pensiones para sus empleados, aportando la cantidad de 1.500 euros por cada uno de ellos. Al mismo tiempo, Enrique tiene un plan de pensiones individual, pagando, durante el ejercicio, la cantidad de 780 euros. Los gastos de seguridad social a cargo del trabajador ascienden a 1.650 €.

Solución

El premio por antigüedad que recibe Enrique encaja en el concepto de rentas irregulares porque evidentemente no se obtiene de forma periódica y ha sido generado a lo largo de toda la vida laboral del trabajador. La ley establece una reducción del 30 % para las rentas irregulares, cuyo periodo de generación es superior a dos años, y no se producen de forma periódica o recurrente por lo tanto, el importe a dicha reducción será 5.000 € x 30 % =1.500 €.

Las aportaciones que hace la empresa al plan de pensiones constituyen un rendimiento del trabajo en especie y se valora por su importe, o sea, 1.500 €. Por otra parte, la cantidad aportada al plan de pensiones individual no es objeto de ningún gasto deducible pero, llevan un premio fiscal, ya que reducen la base imponible del IRPF (con un límite anual de 8.000 euros y siempre que no supere el 30 % de los rendimientos del trabajo y actividades económicas).

(+) Retribuciones totales anuales = 35.000
(-) Reducciones = 2.280   *(1.500 + 780)*
(-) Gatos seguridad social = 1.650
(-) Otros gastos = 2.000
(=) BASE DE CÁLCULO = 29.070
Cuota de retención1 = 6.886,50 (1)   *(4.225,50 + (29.070 – 20.200) x 30%)*

(+) Mínimo personal = 5.550
(+) Mínimo por descendientes = 1.200
(=) MINIMO PERS. Y FAM. = 6.750
Cuota de retención2 = 1.282,50 (2)   *(6.750 x 19%)*

Cuota de retención (1) – (2) = 5.604 €
El tipo de retención aplicable será igual a: (5.604 / 35.000) x 100 = 16,01%
Importe anual de las retenciones: 35.000 x 16,01 % = 5.603,50 €

Ejemplo 11

Fernando, divorciado con un hijo menor que convive exclusivamente con su exmujer, ha devengado a lo largo del ejercicio unos rendimientos brutos de 32.800 €, entre los que se incluyen 3.600 € en concepto de "premio de fidelidad", por permanecer durante más de 5 años en la empresa. Fernando ha acordado con la empresa cobrar el importe del premio a razón de 100 € mensuales durante 3 años desde la fecha de su generación. Los gastos de seguridad social a cargo del trabajador ascienden a 2.100 € y la anualidad por alimentos a favor de su hijo es de 8.000 € anuales. Determine el tipo impositivo.

Solución:

El premio de 3.600 € con motivo de sus 5 años de permanencia en la empresa, en principio, podría beneficiar de una reducción del 30 % para rentas irregulares, al haberse generado en más de dos años y no obtenerse de forma periódica o recurrente. Pero como el dicho importe se percibe en forma de renta, habrá que comprobar que el cociente resultante de dividir el número de años de generación, computados de fecha a fecha, entre el número de períodos impositivos de fraccionamiento, sea superior a dos.

Por lo tanto, si hacemos el cálculo años de generación / numero periodos impositivos, obtenemos 5 / 3 = 1,66. Puesto que el cociente es inferior a 2, el importe del premio NO podrá gozar de la reducción del 30 %.

(+) Retribuciones totales anuales = 32.800
(-) Reducciones = 0
(-) Gatos seguridad social = 2.100
(-) Otros gastos = 2.000
(=) BASE DE CÁLCULO = 28.700
Cuota de retención1 = 5.895,50 (1)
  8.000 x 19% =1.520
  4.225,50 + (20.700 – 20.200) x 30%

(+) Mínimo personal = 5.550
(+) Incremento por anualidades = 1.980
(=) MINIMO PERS. Y FAM. = 7.530
Cuota de retención2 = 1.430,70 (2)   *(7.530 x 19%)*

Cuota de retención (1) – (2) = 4.464,80 €
El tipo de retención aplicable será igual a: (4.464,80 / 32.800) x 100 = 13,61%
Importe anual de las retenciones: 32.800 x 13,61 % = 4 464,08 €

Ejemplo 12

José, casado con 3 hijos de 10, 6 y 2 años ha sufrido lesiones no invalidantes en un accidente. Por razón de esas lesiones ha percibido una cantidad establecida judicialmente de 3.570 € derivada de un contrato de seguro de accidentes que tenía suscrito con la compañía aseguradora. Tiene reconocida una minusvalía del 35 % y con él convive su madre de 76 años. José tiene una retribución anual de 24.333 € y los gastos de seguridad social ascienden a 1.545 €. Calcular el tipo impositivo.

Solución:

Las indemnizaciones recibidas como consecuencia de un accidente de tráfico estarán exentas de tributar hasta la cuantía legal o judicialmente establecida por la Resolución de la Dirección General de Seguros (Baremo de Accidentes).

En el caso de una **indemnización extrajudicial** superior a lo establecido legalmente en el citado baremo, tributará la cantidad que exceda estos límites. El exceso se tiene que declarar como ganancia patrimonial y tributará según la escala de gravamen.

Si la **indemnización queda establecida judicialmente**, exceda o no de la cuantía legalmente establecida en el Baremo de Accidentes, estará exenta de tributar.

En nuestro caso, como la indemnización ha pasado por una actuación judicial, se considera exenta a la hora de hacer la Declaración de la Renta.

(+) Retribuciones totales anuales = 24.333
(-) Reducciones = 0
(-) Gastos seguridad social = 1.545
(-) Otros gastos = 5.500   (2.000€ + 3.500€ - reducc. por discapacidad)
(-) Reducción por tener más de 2 descendientes = 600
(=) BASE DE CÁLCULO = 16.688
Cuota de retención1 = 3.382,62 (1)   (2.365,50 + (16.688 – 12.450) x 24%)

(+) Mínimo personal = 5.550
(+) Mínimo por discapacidad = 3.000
(+) Mínimo por descendientes = 5.950   (2.400 + 2.700 +4.000+2.800)/2
(+) Mínimo por ascendientes = 2.550
(=) MINIMO PERS. Y FAM. = 17.050
Cuota de retención2 = 3.469,50 (2)   (2.365,50 + (17.050 – 12.450) x 24%

Cuota de retención (1) – (2) = -86,88 €

Al ser negativa la cuota de retención no corresponde aplicar ningún tipo de retención.

Ejemplo 13

Marta de 49 años, viuda y con una niña de 12 años, lleva 22 años trabajando como directora comercial en una importante multinacional, cobrando un sueldo anual de 100.000 €. A finales del año es despedida con una indemnización bruta de 198.904 €. Los gastos de seguridad social a cargo de la trabajadora ascienden a 6.350 € anuales. Determine el tipo de retención.

Solución

Las indemnizaciones por despido están exentas de tributar en términos de impuesto con el límite máximo de 180.000 €, por lo tanto, lo que se cobre por encima de esta cantidad tributa como renta del trabajo.

Por otra parte, las indemnizaciones no exentas pueden beneficiarse del régimen de rentas irregulares, y beneficiarse de la reducción del 30 % si se han generado durante un plazo superior a dos años o si se han obtenido de forma notoriamente irregular.

En nuestro caso, de los 198.904 € de la indemnización, los primeros 180.000 están exentos y no sufren retención, la cantidad restante de 18.904 € habrá que incluirla en la declaración de la renta junto con la reducción aferente de 5.671,20 € (18.904 x 30 %).

(+) Retribuciones totales anuales = 118.904
(-) Reducciones = 5.671,20
(-) Gatos seguridad social = 6.350
(-) Otros gastos = 2.000
(=) BASE DE CÁLCULO = 104.882,80
Cuota de retención1 = 38.098,76 (1)   *(17.901,50 + (104.882,80 – 60.000) x 45%)*

(+) Mínimo personal = 5.550
(+) Mínimo por ascendientes = 2.400
(=) MINIMO PERS. Y FAM. = 7.950
Cuota de retención2 = 1.510,50 (2)   *(7.950 x 19 %)*

Cuota de retención (1) − (2) = 36.588,26 €

El tipo de retención aplicable será igual a: (36.588,26 / 118.904) x 100 = 30,77%

Importe anual de las retenciones: 118.904 x 30,77 % = 36.586,76 €

Ejemplo 14

Manuel, casado y con dos hijos menores de 5 y 7 años es despedido del empleo que ocupó los últimos 5 años. El despido ha sido declarado procedente por el juez, con una indemnización de 7.100 €. A quedarse en paro, Manuel solicita la prestación por desempleo en forma de pago único, recibiendo 17.500 €. Con ese dinero él monta un bar. Manuel ha devengado a lo largo del ejercicio unos rendimientos íntegros dinerarios del trabajo de 25.800 € y los gastos de la seguridad social a su cargo ascienden a 1.600 €. Determine el importe anual de las retenciones de IRPF.

Solución:

La indemnización por despido se considera un rendimiento del trabajo, debiendo tributar en el IRPF como un ingreso más del trabajador. Sin embargo, si la indemnización queda establecida por una sentencia judicial, ésta exenta de tributar mientras que no supere la cantidad de 180.000 euros.

Por otra parte, desde el 1 de enero del 2013, el 100 % de las cantidades percibidas en concepto de pago único destinado al autoempleo, quedan exentas del IRPF, siempre que se mantenga esta condición durante los 5 años siguientes. Anteriormente se establecía el límite en 15.500 euros, el exceso sobre esta cantidad tributaba como rendimiento del trabajo.

(+) Retribuciones totales anuales = 25.800
(-) Reducciones = 0
(-) Gatos seguridad social = 1.600
(-) Otros gastos = 2.000

(=) BASE DE CÁLCULO = 22.200
Cuota de retención1 = 4.825,50 (1)   *(4.225,50 + (22.200 – 20.200) x 30%)*

(+) Mínimo personal = 5.550
(+) Mínimo por descendientes = 2.550   *(2.400 + 2.700)/2*
(=) MINIMO PERS. Y FAM. = 8.100
Cuota de retención2 = 1.539 (2)

Cuota de retención (1) – (2) = 3.286,50 €
El tipo de retención aplicable será igual a: (3.286,50 / 25.800) x 100 = 12,74%
Importe anual de las retenciones: 25.800 x 12,74 % = 3.286,92 €

¿Qué pasaría si después de 2 años Manuel cerraría el negocio que montó con el dinero del paro?

Si supuestamente Manuel se ve obligado a cerrar el negocio al cabo de 3 años, él tendrá que presentar una complementaria de la Declaración de la Renta en la que hubiera correspondido declarar la cuantía. Se pagará el exceso con respecto a lo que se ha pagado en su día, más unos intereses de demora.

11.3. Valoración de rentas en especie

Ejemplo 15

Alejandro, casado con cónyuge a cargo y con dos niños de 6 y 7 años tiene unas retribuciones fijas anuales de 27.000 €, una casa propiedad de la empresa a su disposición para fines particulares (valor catastral revisado en 2010 – 65.000 €), un coche también a su disposición para fines particulares cuyo precio de adquisición fue de 18.000 € y un préstamo concedido por la empresa de 8.000 € sin intereses que lo tiene que devolver en 10 meses. Se pide calcular el tipo de retención teniendo en cuenta los gastos de seguridad social que ascienden a 1.650 €.

Solución

Para poder establecer las retribuciones anuales totales, primero hay que valorar las retribuciones en especie que recibe el trabajador:
- el uso de coche se valora en un 20 % anual del coste de adquisición (la valoración se podrá reducir hasta en un 30 % cuando sean considerados eficientes energéticamente).
18.000€ x 20% = 3.600€
- los préstamos concedidos por la empresa con tipos de interés inferiores al legal del dinero (para el año 2016 es del 3%) se valoran por la diferencia entre ambos.
8.000 € x (3 % - 0 %) / 12 meses x 10 meses = 200 €
- la utilización de la vivienda para fines particulares se valora en un 10 % del valor catastral (5 % si ha sido revisado en los últimos 10 años); aquí la legislación nos impone un límite del 10 % de los rendimientos de trabajo
65.000€ x 5 % =3.250 €
(27.000€ + 200€ + 3.600€) x 10% =3.080 € - es el valor que vamos a considerar

(+) Retribuciones totales anuales = 33.880 *(27.000 + 3.600 + 200 + 3.080)*
(-) Gatos seguridad social = 1.650
(-) Otros gastos = 2.000

(=) BASE DE CÁLCULO = 30.230

Cuota de retención1 = 7.234,44 (1)   *(4.225,50 + (30.230 – 20.200,20) x 30 %)*

(+) Mínimo personal = 5.550
(+) Mínimo por descendientes = 5.100
(=) MINIMO PERS. Y FAM. = 10.650
Cuota de retención2 = 2.023,50 (2)   *(10.650 x 19%)*

Cuota de retención (1) – (2) = 5.210,94 €
El tipo de retención aplicable será igual a: (5.210,94 / 33.880) x 100 = 15,38%
Importe anual de las retenciones: 33.880 x 15,38 % = 5.210,74 €

Ejemplo 16

Cristina, casada y con tres hijos menores, sin ingresos, trabaja como asesora jurídica. Tiene un sueldo fijo de 30.000 €, una vivienda propiedad de la empresa, cuyo valor catastral revisado es de 100.000 euros, así como un coche a su disposición para fines particulares valorado en 18.000 euros. Los gastos de Cristina en el ejercicio fueron los siguientes: seguridad social – 2.017 €; cuota del Colegio de Abogados – 712 €. Determine el tipo de retención si los ingresos a cuenta efectuados por la empresa por dichas retribuciones en especie, que no han sido repercutidos a la trabajadora, han ascendido a 2.500 euros.

Solución

La utilización del vehículo representa un rendimiento en especie que se valora en el 20 % del coste de adquisición (con los tributos que graven la operación incluidos), por lo tanto, tendremos que sumar a las retribuciones totales un valor de 18.000 x 20 % = 3.600 euros

El uso gratuito de la vivienda se valora en el 5 % del valor catastral; su utilización proporcionará un rendimiento de 100.000 x 5% = 5.000 €, pero opera el límite del artículo 43.1.1ª a) LIRPF, ya que la valoración supera el 10 % de las restantes contraprestaciones del trabajo obtenidas por la trabajadora: (30.000 + 3.600) x 10% = 3.360, por lo que se ha de aplicar el límite, determinando como valor de la retribución en especie 3.360 euros.

Dado que los ingresos a cuenta no han sido repercutidos a la trabajadora, deben sumarse a la valoración fiscal con objeto de determinar el rendimiento íntegro del trabajo; el valor total de las retribuciones en especie es de: 3.600€ + 3.360€+ 2.500€ = 9.460€.

Respecto a los gastos deducibles, la ley permite la deducción de las cuotas satisfechas a colegios profesionales cuando la colegiación tenga carácter obligatorio, hasta un límite de 500 €, por lo tanto, Cristina va a poder deducir 2.017 + 500 =2.517 € en concepto de gastos deducible.

(+) Retribuciones totales anuales = 39.460
(-) Gatos seguridad social = 2.517
(-) Otros gastos = 2.000
(-) Reducción por tener más de dos descendientes = 600
(=) BASE DE CÁLCULO = 34.343
Cuota de retención1 = 8.468,40 (1)   *4.225,50 + (34.343 – 20.200) x 30%*

(+) Mínimo personal = 5.550
(+) Mínimo por descendientes = 4.550   *(2.400 + 2.700 + 4.000)/2*
(=) MINIMO PERS. Y FAM. = 10.100
Cuota de retención2 = 1.919 (2)   *(10.100 x 19%)*

Cuota de retención (1) – (2) = 6.549,40 €
El tipo de retención aplicable será igual a: (6.549,40 / 39.460) x 100 = 16,60%
Importe anual de las retenciones: 39.460 x 16,60 % = 6.550,36€

Ejemplo 17

Don Fernando, casado y con dos niños menores trabaja en una empresa informática, teniendo unas retribuciones anuales de 32.200 €. Uno de los niños necesita una operación y don Fernando pide y obtiene de la empresa un préstamo de 15.000 €. Dicho préstamo lo obtuvo en enero 2015 con un tipo de interés anual del 1,9 % y vence el 31 de octubre del 2016, fecha cuando don Fernando devuelve el capital y los intereses correspondientes. Calcular el tipo de retención si el ingreso a cuenta efectuado por la empresa en la relación con el préstamo, que no ha sido repercutido al trabajador es de 115 € y los gastos de seguridad social a cargo del trabajador son de 2.017 €.

Solución

El préstamo concedido por la empresa al trabajador, a un tipo de interés inferior al legal se considera como una retribución en especie y su valoración será la diferencia entre el interés pagado y el interés legal del dinero vigente en el periodo más el ingreso a cuento dado que su importe no ha sido repercutido al trabajador.

Para el año 2015, el interés legal es del 3,5 %, el interés pactado es del 1,9 %, el importe de la retribución en especie para dicho año vendrá dado por: 15.000 x (3,5 % - 1,9%) = 240 €.

Para el año 2016, el interés legal es del 3,0 %, el interés pactado sigue siendo del 1,9 %, por lo tanto, la diferencia será de: 15.000 x (3,0 % - 1,9 %) x 10/12= 137,5 €.

Importe íntegro de la renta en especie: 240 €+ 137,5 € + 115 € = 492,50 €

(+) Retribuciones totales anuales = 32.692,50
(-) Gatos seguridad social = 2.017
(-) Otros gastos = 2.000
(=) BASE DE CÁLCULO = 28.675,5
Cuota de retención1 = 6.768,15 (1)   *(4.225,50 + (28.675,50 – 20.200) x 30 %)*

(+) Mínimo personal = 5.550
(+) Mínimo por descendientes = 2.550   *(2.400 + 2.700)/2*
(=) MINIMO PERS. Y FAM. = 8.100
Cuota de retención2 = 1.539 (2)   *(8.100 x 19%)*

Cuota de retención (1) – (2) = 5.229,15 €

El tipo de retención aplicable será igual a: (5.229,15 / 32.692,50) x 100 = 15,99%

Importe anual de las retenciones: 32.692,50 x 15,99 % = 5.227,53 €

Ejemplo 18

Miguel, soltero y sin hijos recibe gratuitamente por parte de la empresa un vehículo que fue adquirido el 1 de marzo del 2014 por un precio de adquisición de 22.000 €, que tuvo a su disposición para fines particulares desde dicha fecha hasta que se hizo la entrega, el 1 de enero de 2016. Miguel tiene unas retribuciones anuales de 28.000 € y unos gastos deducibles de 1.900 €. Calcular el tipo de retención suponiendo que el ingreso a cuenta efectuado por la empresa en la relación con la retribución en especie, que no ha sido repercutido al trabajador es de 3.500 €.

Solución

Como ya hemos visto, en el caso de utilización y posterior entrega del vehículo, la valoración se efectuará teniendo en cuenta la valoración resultante del uso anterior, o sea, descontando la valoración de la utilización correspondiente a los ejercicios 2014 y 2015, que se estimara en un 20 por 100 anual del valor de adquisición del automóvil.

Valoración uso 2014: (22.000 € x 20 %)/12 meses x 10 meses =3.666,67 €

Valoración uso 2015: 22.000 € x 20 % = 4.400 €

Valoración de la entrega de vehículo: 22.000 € - 3.666,76 € - 4.400 € = 13.933,24 €

(+) Retribuciones totales anuales = 39.433,24   (22.000€ + 13.933,24 € + 3.500 €)

(-) Gatos seguridad social = 1.900

(-) Otros gastos = 2.000

(=) BASE DE CÁLCULO = 35.533,24

Cuota de retención1 = 8.848,80 (1)   (8.725,50 + (35.533,24 − 35.200) x 37 %)

(+) Mínimo personal = 5.550
(=) MINIMO PERS. Y FAM. = 5.550
Cuota de retención2 = 1.054,50 (2)   (5.550 x 19%)

Cuota de retención *(1) − (2)* = 7.794,30 €
El tipo de retención aplicable será igual a: (7.794,30 / 39.433,24) x 100 = 19,76%
Importe anual de las retenciones: 39.433,24 x 19,76 % = 7.792,01 €

Ejemplo 19

Marcos, de 40 años, casado y sin hijos, trabaja en el departamento jurídico de una importante empresa. A principios de este año ha recibido como incentivo un paquete de acciones de la propia empresa, valorado en 4.700 €. La entrega obedece a la política retributiva general de la empresa y se deben poseer durante un período mínimo de 3 años. Marcos tiene unas retribuciones anuales de 26.500 euros y unos gastos de seguridad social de 1.684 euros.

Solución:

A partir de 1 de enero de 2015, la entrega de acciones a los trabajadores constituye una retribución en especie exenta de tributar al cumplirse los límites y requisitos establecidos en el art. 43 IRPF (un límite de 12.000 € anuales, que la oferta de entrega de acciones se realice en las mismas condiciones a todos los trabajadores de la empresa y que los títulos deben mantenerse al menos, durante tres años). Por lo tanto, en nuestro caso, Marcos no tendrá que tributar por las acciones que ha recibido.

(+) Retribuciones totales anuales = 26.500
(-) Gatos seguridad social = 1.684
(-) Otros gastos = 2.000

(=) BASE DE CÁLCULO = 22.816
Cuota de retención1 = 5.010,30 (1)   *(4.225,50 + (22.816 − 20.200) x 30 %)*

(+) Mínimo personal = 5.550
(=) MINIMO PERS. Y FAM. = 5.550
Cuota de retención2 = 1.054,50 (2)   *(5.550 x 19%)*

Cuota de retención (1) − (2) = 3.955,80 €
El tipo de retención aplicable será igual a: (3.955,80 / 26.500) x 100 = 14,93%
Importe anual de las retenciones: 26.500 x 14,93 % = 3.956,45 €

11.4. Gastos de locomoción, manutención y estancia

Ejemplo 20

A José Luis, trabajador minusválido con discapacidad del 33 %, soltero y sin hijos que recibe un sueldo anual de 19.500 € la empresa le pone a disposición un servicio de formación de personal por importe de 900 € para adaptar su puesto de trabajo a una innovación técnica. Aparte de su sueldo bruto anual recibe la cantidad de 600 € en gastos de manutención para desplazarse un día al mes (salvo en Julio y Diciembre) a una delegación situada en Bilbao sin pernoctar así como unas aportaciones de la empresa al plan de pensiones por importe de 3.500 €. Los gastos de seguridad social a cargo del trabajador ascienden a 1.500 €. Determine el tipo de retención.

Solución

La formación para la adaptación del puesto de trabajo no tiene la consideración de retribución en especie, por lo tanto, no se tiene en cuenta a la hora de determinar el tipo de retención, igual que las aportaciones a planes de pensiones.

Los gastos de manutención diarios son de: 600 €/10 meses = 60 €, superando el límite exento de 26,67 € diarios, lo que significa que la diferencia de (60 € - 26,67 €) x 10 meses = 333,33 € la tenemos que incluir en el cálculo de las retribuciones anuales.

(+) Retribuciones totales anuales = 19.833,33   *(19.500 + 333,33)*
(-) Gatos seguridad social = 1.500
(-) Otros gastos = 5.500   *(2.000€ + 3.500€ - reducción por discapacidad de trabajadores activos)*
(=) BASE DE CÁLCULO = 12.833,33
Cuota de retención1 = 2.457,50 (1)   *(2.365,50 + (12.833,33 − 12.450,00) x 24%)*

(+) Mínimo personal = 5.550

(+) Reducción por discapacidad = 3.000
(=) MINIMO PERS. Y FAM. = 8.550
Cuota de retenció2 = 1.624,50 (2)   (8.550 x 19%)

Cuota de retención (1) – (2) = 833 €
El tipo de retención aplicable será igual a: (833 / 19.833,33) x 100 = 4,20%
Importe anual de las retenciones: 19.833,33 x 4,20 % = 833 €

Ejemplo 21

Alberto, casado y con mellizos de 2 años, trabaja para una empresa informática y a finales de agosto la empresa decide trasladarlo de Madrid a Burgos pagándole una indemnización de 5.000 € para compensar las "molestias" que supone la mudanza. Alberto junto con su familia se desplazan los 250 km en su coche personal, pagando 600 € a una empresa de mudanza para trasladar los muebles y 100 € la comida para toda la familia durante el viaje, conservando tanto la factura de la empresa de mudanzas como la del restaurante. Alberto gana 32.000 € al año y paga unos gastos de seguridad social de 2.000 €. Calcular el tipo impositivo.

Solución

Como consecuencia del traslado, Alberto ha recorrido 250 km lo que significa que la cantidad exenta en concepto de gastos de locomoción será de 250 km x 0,19 €/km = 47,50 €. Los gastos de manutención así como los gastos de mudanza estarán exentos de tributación con la condición que los importes estén justificados vía factura.

La cantidad exenta vendrá dado por: 47,50 € + 600 € + 100 € = 747,50 €. El exceso sobre esos 747,50 euros estará sujeto y no exento y, por tanto, habrá de tributar a IRPF por 5.000 € - 747,50 € = 4.252,5 €.

La indemnización por traslado que percibe Alberto tiene la consideración de rendimiento irregular, aunque no cumpla con periodo de generación superior a 2 años y que no se trate de rendimientos obtenidos de forma periódica o recurrente.

(+) Retribuciones totales anuales = 36.252,50
(-) Reducciones = 1.275,75   *(4.252,50 x 30%)*
(-) Gatos seguridad social = 2.000
(-) Otros gastos = 2.000
(=) BASE DE CÁLCULO = 30.976,75
Cuota de retención1 = 7.458,53 (1)   *(4.225,50 + (30.976,75 – 20.200) x 30%)*

(+) Mínimo personal = 5.550
(+) Mínimo por descendientes = 5.350   *(2.400 + 2.700 + 2.800 x 2)/2*
(=) MINIMO PERS. Y FAM. = 10.900
Cuota de retención2 = 2.071 (2)   *(10.900 x 19%)*

Cuota de retención (1) – (2) = 5.387,53 €
El tipo de retención aplicable será igual a: (5.387,53 / 36.252,50) x 100 = 14,86%
Importe anual de las retenciones: 36.252,50 x 14,86 % = 5.387,12 €

Ejemplo 22

Doña Flor, soltera con dos niños, una niña de 9 años y un niño de 23 años sin rentas, es encargada de una estación de servicios en León. En mayo la trabajadora tuvo que trasladarse a Bilbao, durante 15 días, para coordinar y supervisar la apertura de una nueva estación de servicios. Para el desplazamiento, doña Flor utiliza su vehículo personal y presenta una factura del hotel donde estuvo hospedada de 950 € (la distancia entre León y Bilbao es de 345 km); en concepto de dietas, la empresa le abona 2.500 €. La trabajadora gana 28.000€ al año y paga unos gastos de seguridad social de 2.000 €, más una cuota sindical trimestral de 39 €. Calcular el tipo impositivo.

Solución

Así como ya sabemos, las dietas y kilometraje están exentas de la retención por IRPF siempre que se ciñan a una serie de límites y obligaciones:

- en concepto de gastos de locomoción, la trabajadora se puede deducir una cantidad de 0,19 €/km x (345 km x 2)= 131,1 €;
- en concepto de gastos de estancia se puede deducir la cantidad justificada mediante factura, es decir, 950 €;
- en concepto de gastos de manutención, el importe exento es de 53,34 €/día (con pernoctar), por lo tanto, la cantidad exenta es de 53,34 €/día x 15 días= 800,1 €.

Rendimiento a declarar por dietas = 2.500 – (131,1 + 950 + 800,1) = 618,80 €

La cuota sindical se incluye dentro de los gastos deducible, el importe anual a descontar es de 39 x 4 = 156 €.

(+) Retribuciones totales anuales = 28.618,80
(-) Gatos seguridad social = 2.156
(-) Otros gastos = 2.000
(=) BASE DE CÁLCULO = 24.462,80
Cuota de retención1 = 5.504,34 (1)   *(4.225,50 + (24.462,80 – 20.200) x 30 %)*

(+) Mínimo personal = 5.550
(+) Mínimo por descendientes = 5.100
(=) MINIMO PERS. Y FAM. = 10.650
Cuota de retención2 =2.0723,50 (2)   *(10.650 x 19%)*

Cuota de retención (1) – (2) = 3.480,84 €
El tipo de retención aplicable será igual a: (3.480,84 / 28.618,80) x 100 = 12,16%
Importe anual de las retenciones: 28.618,80 x 12,16 % = 3.480,04 €

Ejemplo 23
Carlos de 34 años, casado y sin hijos trabaja como jefe de ventas en una empresa textil y ha percibido durante el 2015 un sueldo bruto de

31.200 €, habiéndole retenido en concepto de Seguridad Social la cantidad de 1.980 €. En agosto ha tenido que viajar a Londres durante una semana, por motivos laborales. La empresa le abonó 3.500 € en concepto de gastos de viaje por este desplazamiento. El trabajador presenta el billete de avión de ida y vuelta por un importe de 241 € y la factura del hotel donde estuvo alojado por un importe de 1.015 €. Determine el tipo de retención.

Solución:

Los importes que recibe el trabajador con el fin de compensar los gastos que se producen por motivos laborales, están exentos de tributación siempre que no superan las cuantías legalmente establecidas. Por lo tanto:

-los gastos del billete de avión y del alojamiento están justificados con la facturas correspondientes;

- en concepto de gastos de manutención, el importe exento es de 6 días con pernoctar a 91,35 €/día, más 1 día sin pernoctar a 48,08 €, por lo tanto la cantidad exenta es de 91,35 x 6 días + 48,08= 596,18 €.

Rendimiento a declarar por dietas = 3.500 – (241 + 1.015 + 596,18) =1.647,82 €
(+) Retribuciones totales anuales = 32.847,82
(-) Gatos seguridad social = 1.980
(-) Otros gastos = 2.000
(=) BASE DE CÁLCULO = 28.867,82
Cuota de retención1 = 6.825,85 (1) *(4.225,50 + (28.867,82 – 20.200) x 30%)*

(+) Mínimo personal =5.550
(=) MINIMO PERS. Y FAM. = 5.550
Cuota de retención2 = 1.054,50 (2) *(5.550 x 19%)*

Cuota de retención (1) – (2) = 5.771,35 €
El tipo de retención aplicable será igual a: (5.771,35 / 32.847,82) x 100 = 17,57%

Importe anual de las retenciones: 32.847,82 x 17,57 % = 5.771,36 €

11.5. Pensiones compensatorias y anualidades por alimentos

Ejemplo 24

Gustavo, divorciado con dos hijos de 19 años y 20 años que conviven con la madre tiene unas retribuciones anuales de 43.500 € y unos los gastos de seguridad social de 2.200 €. Él vive con su madre de 69 años que es discapacitada con una minusvalía reconocida del 67% y cobra anualmente unas rentas de 10.500 euros (no exentas). Por resolución judicial satisface una pensión compensatoria a su excónyuge por valor de 3.800 €. Asimismo, satisface anualidades por alimentos a favor de sus hijos por valor de 6.250 €. Calcule el tipo de retención.

Solución

(+) Retribuciones totales anuales = 43.500
(-) Gatos seguridad social = 2.200
(-) Otros gastos = 2.000
(-) Pensión a favor del cónyuge = 3.800
(=) BASE DE CÁLCULO = 35.500
Cuota de retención1 = 8.128 (1)
6.250 x 19% =1.187,50
4.225,50 + (35.500 – 6.250 – 20.200) x 30% = 6.940,50

(+) Mínimo personal = 5.550
(+) Incremento por anualidades = 1.980
(=) MINIMO PERS. Y FAM. = 7.530
Cuota de retención2 = 1.430,70 (2)   *(7.530 x 19%)*

Cuota de retención (1) – (2) = 6.697,30 €
El tipo de retención aplicable será igual a: (6.697,30 / 43.500) x 100 = 15,40%
Importe anual de las retenciones: 43.500 x 15,40 % = 6.699 €

Ejemplo 25

Susana tiene 37 años, es divorciada y tiene una hija de 15 años que recibe una pensión alimenticia de su padre por valor de 8.750 € anuales. En concepto de pensión compensatoria el exmarido de Susana le abona la cantidad de 12.800 euros para compensar el desequilibrio sufrido con la separación. En el mes de mayo 2015, Susana solicita el anticipo de la mensualidad de junio que asciende a 1.500 €, reintegrables sin interés en 6 mensualidades. Las retribuciones anuales de Susana ascienden a 21.000 € y los gastos de Seguridad Social suman 1.350 €.

Solución:

La pensión compensatoria recibida en un solo pago se computa y tributa en su totalidad como rendimiento íntegro del trabajo con la observación que podemos aplicar la reducción del 30 % para los rendimientos íntegros que se obtengan de forma irregular.

El importe de la reducción que se podrá aplicar es de 12.800 x 30% =3.840 €.

Por otra parte, según la ley del IRPF, dan derecho a la aplicación del mínimo por descendientes los hijos y demás descendientes del contribuyente que sean menores de 25 años, que convivan con el contribuyente y **no tengan rentas anuales superiores a 8.000 euros, excluidas las exentas**. La pensión alimenticia que recibe la hija de Susana de 8.750 € anuales está exenta de tributar por lo tanto Susana tiene derecho a aplicar el mínimo por descendientes.

El anticipo de la mensualidad reintegrable en seis meses sin intereses es una retribución en especie, ya que cabe considerar que la empresa concede a su trabajadora un préstamo sin interés y por tanto dicha retribución en especie se valora por la *diferencia entre el interés satisfecho* por la trabajadora (en este caso, compute cero) *y el tipo de interés legal vigente*. Para el año 2015, el interés legal es del 3,5%, el interés pactado es cero, el importe de la retribución en especie vendrá dado por: 1.500 x (3,5 % - 0 %) / 12 meses x 6 meses = 26,25 €.

(+) Retribuciones totales anuales = 33.826,25   *(21.000 + 12.800 + 26,25)*

(-) Reducciones = 3.840
(-) Gatos seguridad social = 1.350
(-) Otros gastos = 2.000
(=) BASE DE CÁLCULO = 26.636,25
(+)*Cuota de retención1 = 6.156,38 (1)* *(4.225,50 + (26.636,25 − 20.200) x 30%)*

(+) Mínimo personal = 5.550
(+) Mínimo por descendientes = 2.400
(=) MINIMO PERS. Y FAM. = 7.950
Cuota de retención2 = 1.510,50 (2) *(7.950 x 19%)*

Cuota de retención (1) − (2) = 4.645,88 €
El tipo de retención aplicable será igual a: (4.645,88 / 33.826,25) x 100 = 13,73%
Importe anual de las retenciones: 33.826,25 x 13,73 % = 4.644,34 €

Ejemplo 26

Martin de 25 años, soltero y sin hijos a cargo, con contrato indefinido y retribución fija de 17.000 euros anuales recibe una anualidad por alimentos satisfecha por su hermano en virtud de una decisión judicial de 350 euros al mes. El gasto de Seguridad Social a cargo del trabajador asciende a 1.080 euros. Determine el tipo de retención.

Solución:

El art. 7, K) de la Ley 35/2006, de 28 de noviembre, del Impuesto sobre la Renta de las Personas Físicas y de modificación parcial de las leyes de los Impuestos sobre Sociedades, sobre la Renta de no Residentes y sobre el Patrimonio (LIRPF) solo regula la exención de las anualidades por alimentos percibidas de los padres en virtud de decisión judicial. Las anualidades percibidas de cualquier otro familiar quedan gravadas por el IRPF y tienen la consideración de rendimientos del trabajo.

(+) Retribuciones totales anuales = 21.200   *(350 x 12 + 17.000)*

(-) Gastos seguridad social = 1.080
(-) Otros gastos = 2.000
(=) BASE DE CÁLCULO = 18.120
Cuota de retención1 = 3.726,30 (1)   *(2.365,50 + (18.120 – 12.450,00) x 24%)*

(+) Mínimo personal = 5.550
(=) MINIMO PERS. Y FAM. = 5.550
Cuota de retención2 = 1.054,50 (2)   *(5.550 x 19%)*

Cuota de retención (1) – (2) = 2.671,80 €
El tipo de retención aplicable será igual a: (2.671,80 / 21.200) x 100 = 12,60 %
Importe anual de las retenciones: 21.200 x 12,60 % = 2.671,80 €

Ejemplo 27

Jesús ha percibido el año pasado una retribución dineraria bruta de 25.600 €, más una indemnización de 14.980 euros, generada en un periodo de 6 años, de la cual tributa la mitad. Tras su divorcio y de mutuo acuerdo con su exmujer, Jesús le abona como pensión compensatoria 300 euros al mes. La cotización a la Seguridad Social de dicho trabajador satisfecha por la empresa ha sido de 1.625,80 euros. Calcule el importe de las retenciones anuales a efectos del IRPF.

Solución

En primer lugar, tenemos una renta obtenida de forma irregular en el tiempo, pues el periodo de generación de la indemnización ha sido superior a dos años y no se trata de un rendimiento que se produzca de forma periódica o recurrente. Pero como Jesús tributa solo por la cantidad de 7.490 euros (entendemos que la otra mitad está exenta de tributar), la reducción del 30 % la aplicaremos sobre este importe sujeto a gravamen.

La pensión compensatoria que el trabajador paga a su exmujer está sujeta a tributar, porque es voluntaria, no ha sido establecida por decisión judicial. En estos casos se recomienda ratificar judicialmente el convenio regulador del divorcio para que en el futuro estas cantidades puedan restarse de sus retribuciones para calcular la retención de IRPF en su nómina. Por otra parte, si el cónyuge decide aportar a su expareja más dinero de lo que decide el juez, esta cantidad extra no será desgravable en la declaración de la Renta.

(+) Retribuciones totales anuales = 33.090   *(25.600 + 14.980/2)*
(-) Reducción = 2.247   *(7.490 x 30%)*
(-) Gatos seguridad social = 1.625,80
(-) Otros gastos = 2.000
(=) BASE DE CÁLCULO = 27.217,2
Cuota de retención1 = 6.330,66 (1)   *(4.225,50 + (27.217,20 – 20.200) x 30%)*

(+) Mínimo personal = 5.550
(=) MINIMO PERS. Y FAM. = 5.550
Cuota de retención2 = 1.054,50 (2)   *(5.550 x 19%)*
Cuota de retención (1) – (2) = 5.276,16 €

11.6. Regularización de las retenciones

Ejemplo 28

Enrique tiene 45 años, es divorciado y vive con su madre, viuda de 70 años, que depende de él y con sus dos hijos de 16 y 18 años que carecen de rentas propias. Tiene un sueldo anual de 25.700 € con unos gastos de seguridad social de 1.632 €. En el mes agosto su madre fallece. En septiembre se le sube el sueldo a 27.500€ anuales, los gastos de seguridad social ascienden también a 1.746€. Calcular el tipo impositivo y la regularización correspondiente.

Solución:

Calculamos en primer lugar el tipo de retención a principio de año.

(+) Retribuciones totales anuales = 25.700
(-) Gatos seguridad social = 1.632
(-) Otros gastos = 2.000
(=) BASE DE CÁLCULO = 22.068
Cuota de retención1 = 4.785,90 (1)   *(4.225,50 + (22.068–20.200) x 30%)*

(+) Mínimo personal = 5.550
(+) Mínimo por descendientes = 5.100
(+) Mínimo por ascendientes = 1.150
(=) MINIMO PERS. Y FAM. = 11.800
Cuota de retención2 = 2.242,00 (2)   *(11.800 x 19%)*

Cuota de retención (1) – (2) = 2.543,90 €
El tipo de retención aplicable será igual a: (2.543,90 / 25.700) x 100 = 9,90 %
Importe anual de las retenciones: 25.700 x 9,90 % = 2.544,30 €

En septiembre se le aumenta el sueldo por lo tanto tenemos que calcular un nuevo tipo impositivo. Durante los primeros 8 meses ha cobrado 25.700/12 meses x 8 meses = 17.133,33 €. Desde septiembre hasta diciembre ha cobrado 27.500/12 meses x 4 meses = 9.166,67 € lo que hace que las retribuciones anuales sean de 17.133,33 € + 9.166,67 € = 26.300 €.

(+) Retribuciones totales anuales = 26.300
(-) Gatos seguridad social = 1.746
(-) Otros gastos = 2.000
(=) BASE DE CÁLCULO = 22.554
Cuota de retención1 = 4.931,70 (1)   *(4.225,50 + (22.554–20.200) x 30%)*

(+) Mínimo personal = 5.550
(+) Mínimo por descendientes = 5.100
(+) Mínimo por ascendientes = 1.150 *(Aunque su madre haya fallecido, el trabajador tiene derecho a aplicar la reducción por ascendientes dado que su madre ha convivido con el más de la mitad del período transcurrido entre el inicio del período impositivo y la fecha de fallecimiento)*
(=) MINIMO PERS. Y FAM. = 11.800
Cuota de retención2 = 2.242,00 (2)   *(11.800 x 19%)*

Cuota de retención (1) – (2) = 2.689,70 €
El tipo de retención aplicable será igual a: (2.689,70 / 26.300) x 100 = 10,23 %
Importe anual de las retenciones: 26.300 x 10,23 % = 2.690,49 €

Las cuotas soportadas en los primeros 8 meses suman un total de (25.700/12 meses x 8 meses x 9,90 %) =1.696,20 €. Los rendimientos satisfechos durante este periodo de tiempo son de 25.700/12 meses x 8 meses = 17.133,33 €.

El tipo recalculado que será aplicado en las nóminas de septiembre hasta final de año vendrá dado por la fórmula:

Tipo recalculado = (2.689,70 – 1.696,20) / (26.300 – 17.133,33) x 100= (993,50 / 9.166,67) x 100 =10,84 %.

Al año siguiente se tendrá que calcular otro porcentaje del IRPF dado que por la muerte de su madre, Enrique no podrá aplicar más la reducción por ascendientes.

Ejemplo 29

Pablo, casado y con cónyuge a cargo es padre de una niña de 5 años. Tiene un sueldo fijo de 30.700 € anuales y unas retribuciones variables anuales estimadas de 5.000 €. En agosto vuelve a ser padre de mellizos y comunica a la empresa su nueva situación familiar. Los gastos de seguridad social a cargo del trabajador ascienden a 2.200 €. Calcular el tipo impositivo y la regularización correspondiente.

Solución:

Calculamos el tipo de retención a principio de año.

(+) Retribuciones totales anuales = 35.700
(-) Gatos seguridad social = 2.200
(-) Otros gastos = 2.000
(=) BASE DE CÁLCULO = 31.500
Cuota de retención1 = 7.615,50 (1)   *4.225,50 + (31.500–20.200) x 30%*

(+) Mínimo personal = 5.550
(+) Mínimo por descendientes = 2.400
(=) MINIMO PERS. Y FAM. – 7.950
Cuota de retención2 = 1.510,50 (2)   *(7.950 x 19%)*

Cuota de retención (1) – (2) = 6.105 €
El tipo de retención aplicable será igual a: (6.105 / 35.700) x 100 = 17,10 %
Importe anual de las retenciones: 35.700 x 17,10 % = 6.104,7 €

Con el nacimiento de sus mellizos, el mínimo personal y familiar aumenta de manera considerable, por lo tanto, tenemos que calcular un nuevo tipo impositivo.

(+) Retribuciones totales anuales = 35.700
(-) Gatos seguridad social = 2.200
(-) Otros gastos = 2.000
(-) Reducción por tener más de 2 descendientes = 600
(=) BASE DE CÁLCULO = 30.900
Cuota de retención1 = 7.435,50 (1)   *4.225,50 + (30.900 – 20.200) x 30%*

(+) Mínimo personal = 5.550

(+) Mínimo por descendientes = 14.700   *(2.400 + 2.700 + 4.000 + 2.800 x 2)*

(=) MINIMO PERS. Y FAM. = 20.250

Cuota de retención2 = 4.240,50 (2)   *(4.225.50 + (20.250 – 20.200) x 30%)*

Cuota de retención (1) – (2) = 3.195 €

El tipo de retención aplicable será igual a: (3.195 / 35.700) x 100 = 8,95 %

Importe anual de las retenciones: 35.700 x 8,95 % = 3.195,15 €

Las cuotas soportadas en los primeros 8 meses suman un total de (35.700/12 meses x 8 meses x 17,10 %) = 4.069,80 €. Los rendimientos satisfechos durante este periodo de tiempo son de 35.700/12 meses x 8 meses = 23.800 €.

El tipo recalculado que será aplicado en las nóminas de septiembre hasta final de año vendrá dado por la fórmula:

Tipo recalculado =(3.195 – 4.068,90) / (35.700 – 23.800) x 100 = 0 %

Ejemplo 30

David, separado y sin hijos a su cargo pasa a su exmujer una pensión de 3.500 € al año. Las retribuciones anuales son de 27.000 € y los gastos de seguridad social a cargo del trabajador ascienden a 1.750 €. A finales de septiembre un juez dictamina que el trabajador tiene que pasar una anualidad por alimentos a favor de su hija por importe de 4.000 €. Calcule el tipo de retención.

Solución

Primero calculamos el tipo de retención aplicable al principio del año. No incluiremos las anualidades por alimentos a favor de la hija del trabajador.

(+) Retribuciones totales anuales = 27.000
(-) Gatos seguridad social = 1.750
(-) Otros gastos = 2.000
(-) Pensión a favor del cónyuge = 3.500
(=) BASE DE CÁLCULO = 19.750
Cuota de retención1 = 4.117,50 (1) $2.365,50 + (19.750 - 12.450) \times 24\%$

(+) Mínimo personal = 5.550
(=) MINIMO PERS. Y FAM. = 5.550
Cuota de retención2 = 1.054,50 (2)   *(5.550 x 19%)*

Cuota de retención (1) – (2) = 3.063 €
El tipo de retención aplicable será igual a: (3.063 / 27.000) x 100 = 11,34 %
Importe anual de las retenciones: 27.000 x 11,34 % = 3.061,80 €

Desde enero hasta septiembre, el trabajador sufre un tipo de retención del 11,34 %. Dado que a partir de octubre el trabajador se ve obligado a pagar una pensión alimenticia a favor de su hija, se debe hacer una regularización del porcentaje del IRPF.

(+) Retribuciones totales anuales = 27.000
(-) Gatos seguridad social = 1.750
(-) Otros gastos = 2.000
(-) Pensión a favor del cónyuge = 3.500
(=) BASE DE CÁLCULO = 19.750
Cuota de retención1 = 3.917,50 (1)
4.000 x 19% =760
2.365,50 + (15.750 – 12.450) x 24% =3.157,50

(+) Mínimo personal = 5.550
(+) Incremento por anualidades = 1.980
(=) MINIMO PERS. Y FAM. = 7.530
Cuota de retención2 = 1.430,70 (2)   *(7.530 x 19%)*

Cuota de retención (1) – (2) = 2.486,60 €
El tipo de retención aplicable será igual a: (2.486,60 / 27.000) x 100 = 9,21 %

Importe anual de las retenciones: 27.000 x 9,21 % = 2.486,70 €

Los rendimientos satisfechos serán de 27.000/12 meses x 9 meses = 20.250 €. Las cuotas soportadas en los meses anteriores a la decisión judicial suman (27.000/12 meses x 9 meses x 11,34 %) = 2.296,35 €.

El tipo recalculado que será aplicado en las nóminas de octubre hasta final de año vendrá dado por la fórmula:

Tipo recalculado = (2.486,80 – 2.296,35) / (27.000 – 20.250) x 100= (190,45 / 6.750) x 100 =2,81 %.

A partir de octubre, en la nómina de este empleado el tipo de retención se fijará en el 2,81 % muy inferior al porcentaje de 11,34 % que pagada con anterioridad a la regularización.

Ejemplo 31

Luis es contratado el 1 de enero del 2016 por 6 meses, con unos ingresos brutos mensuales de 1.520 € (las pagas extras están incluidas) y con unos gastos de seguridad social de 1.100 €. A la finalización del contrato temporal en junio, le conviertan en indefinido. Luis es soltero y no tiene hijos. Calcular el tipo de retención y la regularización correspondiente.

Solución:

El límite de retención para una persona soltera y sin hijos esta en 12.000 €, y como los ingresos de Luis durante los seis meses de trabajo alcanzan 9.120 €, no procede retener cantidad alguna, pero al ser un contrato temporal inferior al año, la ley establece el tipo mínimo impositivo del 2 %.

A finales de junio, el contrato pasa a ser indefinido por lo tanto tenemos que regularizar el tipo.

(+) Retribuciones totales anuales = 18.240
(-) Gatos seguridad social = 1.100

(-) Otros gastos = 2.000
(=) BASE DE CÁLCULO = 15.140
Cuota de retención1 = 3.011,10 (1)   *2.365,50 + (15.140 – 12.450) x 24%*

(+) Mínimo personal = 5.550
(=) MINIMO PERS. Y FAM. = 5.550
Cuota de retención2 = 1.054,50 (2)   *(5.550 x 19%)*

Cuota de retención (1) – (2) = 1.956,60 €
El tipo de retención aplicable será igual a: (1.956,60 / 18.240) x 100 = 10,72%
Importe anual de las retenciones: 18.240 x 10,72 % = 1.955,33 €
Las cuotas soportadas en los meses de enero a junio es igual a 1.520 x 6 x 2 % = 182,40 €

Tipo recalculado =(1.956,60 – 182,40) / (18.240 - 9.120) x 100 =19,45%

Teniendo en cuenta los ingresos anuales y la situación personal y familiar, el trabajador tendrá que pagar un IRPF del 10,72 % pero dado que durante los primeros 6 meses ha pagado solo un 2 %, se trata de aplicar durante el tiempo que quede del año un nuevo tipo de retención que compense y equilibre la situación, de tal forma que una vez finalizado el ejercicio, se le hayan efectuado las retenciones del 10,72 % (1.956,60 €).

Al año siguiente se podrá aplicar el tipo del 10,72 %, siempre que los datos queden iguales y no haya cambios normativos importantes que pueden modificar el proceso de cálculo del tipo de retención.

11.7. Prestaciones por pensiones

Ejemplo 32

María es viuda y tiene dos hijos menores de edad, uno de ellos es discapacitado con un grado de minusvalía del 70 % y el otro ya no vive con ella porque tiene ingresos propios. María tiene unas retribuciones fijas anuales de 23.000 €, unas retribuciones variables estimativas de 3.000 € y cobra también una pensión de viudedad de 10.500 € anuales por el fallecimiento de su marido. Los gastos de seguridad social a cargo de la trabajadora ascienden a 1.750 €. Determine el tipo impositivo.

Solución

El hijo menor de edad que vive fuera del domicilio materno no forma parte de la unidad familiar si cuenta con el consentimiento de la madre para vivir independiente de este o estos por lo tanto no se puede aplicar el mínimo por descendiente por este hijo.

A la hora de tributar por el IRPF, la pensión de viudedad estará exenta solo si deriva de actos de terrorismo que no es el caso, por lo tanto, se considera como un rendimiento de trabajo.

(+) Retribuciones totales anuales = 36.500
(-) Gatos seguridad social = 1.750
(-) Otros gastos = 2.000
(=) BASE DE CÁLCULO = 32.750
Cuota de retención1 = 7.990,50 (1)   *4.225,50 + (32.750 – 20.200) x 30%*

(+) Mínimo personal = 5.550
(+) Mínimo por descendientes = 2.400
(+) Reducción por discapacidad = 12.000
(=) MINIMO PERS. Y FAM. = 19.950
Cuota de retención2 = 4.165,50 (2)   *2.365,50 + (19.950 - 12.450) x 24%*

Cuota de retención (1) – (2) = 3.825 €

El tipo de retención aplicable será igual a: (3.825 / 36.500) x 100 = 10,48 %

Importe anual de las retenciones: 36.500 x 10,48 % = 3.825,20 €

Ejemplo 33

Don Felipe tiene 62 años, está casado y trabaja en una fábrica de piezas y recambios auto. En enero del presente ejercicio don Felipe se ha acogido a un plan de jubilación anticipada de su empresa, de forma que ambas partes proceden a extinguir su relación laboral. Como compensación, va a percibir una renta anual invariable de 17.800 € hasta cumplir los 65 años, fraccionada en las 12 mensualidades de cada año. Calcular el tipo impositivo si los gastos de seguridad social a cargo del trabajador ascienden a 1.130 € anuales.

Solución:

Las cantidades percibidas por el trabajador como consecuencia de la jubilación anticipada tienen la consideración de rentas del trabajo personal a los que no se les podría aplicar ninguna reducción.

No se puede aplicar la reducción del 30 % a la renta anual que va a cobrar don Felipe porque no se puede hablar de un periodo de generación superior a dos años, dado que lo que provoca el pago de la renta es la extinción de la relación laboral y no la prestación de servicios por parte del trabajador. Por otra parte, los rendimientos están generados de forma periódica ya que se cobrará una renta mensual, y no se pueden tratar como ingresos que se reciben de forma fraccionada.

(+) Retribuciones totales anuales = 17.800
(-) Gatos seguridad social = 1.130
(-) Otros gastos = 2.000
(=) BASE DE CÁLCULO = 14.670
Cuota de retención1 = 2.898,30 (1)   *2.365,50 + (14.670 – 12.450) x 24%*

(+) Mínimo personal = 5.550

(=) MINIMO PERS. Y FAM. = 5.550
Cuota de retención2 = 1.054,50 (2)   5.550 x 19%

Cuota de retención (1) – (2) = 1.843,80 €
El tipo de retención aplicable será igual a: (1.843,80 / 17.800) x 100 = 10,36%
Importe anual de las retenciones: 17.800 x 10,36 % = 1.844,08 €

Ejemplo 34

Doña Nati de 61 años, casada y con una minusvalía reconocida del 33 %, lleva 30 años trabajando en una fábrica de embutidos. A principios del año, doña Nati ha acordado con su empresa acceder a la jubilación anticipada, y recibir, como indemnización la cantidad correspondiente a 32 días por año trabajado. El sueldo fijo mensual de la trabajadora es de 1.500 € brutos y los gastos de seguridad social ascienden a 2.500 €. Determine el tipo de retención.

Solución:

En este caso, el importe percibido en un solo acto por acogerse a la jubilación anticipada **sí podrá considerarse como un rendimiento notoriamente irregular** al que aplicar la reducción del 30 % (el rendimiento se imputa en un solo período impositivo y tiene un período de generación superior a dos años ya que doña Nati ha trabajado durante 30 años en la fábrica).

Sueldo mensual = 1.500 €
Sueldo diario = 1.500 € / 30días = 50 €
Indemnización a percibir = 32 días x 50 € x 30 años = 48.000 €
Reducción por renta irregular = 48.000 € x 30 % = 14.400 €.

Por otra parte, doña Nati, a ser minusválida con un grado de discapacidad reconocido del 33 % no podrá beneficiar de la reducción de 3.500 € anuales para los trabajadores activos discapacitados, ya que a extinguir la relación laboral con la empresa, ella pasa a una situación de "prejubilación" y deja de tener el carácter de trabajador activo.

(+) Retribuciones totales anuales = 48.000
(-) Reducciones = 14.400
(-) Gatos seguridad social = 2.500
(-) Otros gastos = 2.000
(=) BASE DE CÁLCULO = 29.100
Cuota de retención1 = 6.895,50 (1)   *4.225,50 + (29.100 − 20.200) x 30%*

(+) Mínimo personal = 5.550
(+) Reducción por discapacidad = 3.000
(=) MINIMO PERS. Y FAM. = 8.550
Cuota de retención2 = 1.625,50   *8.550 x 19%*

Cuota de retención (1) – (2) = 5.271 €
El tipo de retención aplicable será igual a: (5.271 / 48.000) x 100 = 10,98%
Importe anual de las retenciones: 48.000 x 10,98 % = 5.270,40 €

Ejemplo 35

Don Fermin jubilado de 69 años cobra una pensión de jubilación de la Seguridad Social por importe de 13.650 € anuales y una renta trimestral de 2.000 € íntegros de un plan de pensiones. Durante este año, don Fermin ha obtenido un premio en la Lotería Primitiva de 2.400 euros y ha satisfecho 120 euros a su sindicato y 490 euros a su colegio profesional. Los gastos de seguridad social a su cargo son de 1.300 €. Calcular el tipo impositivo.

Solución:

El contribuyente se puede deducir las cuotas satisfechas a colegios profesionales solo si la colegiación es obligatoria y con un máximo de 500 euros anuales. Pero como don Fermin está jubilado y por lo tanto la colegiación no es obligatoria, el no podrá deducirse dicha cuota.

Los 2.400€ de la primitiva están exentos, ya que se establece que se debe tributar cuando el premio supere los 2500€.

(+) Retribuciones totales anuales = 21.650   *(13.650 + 2.000 x 4)*
(-) Gatos seguridad social = 1.420   *(1.300 + 120)*
(-) Otros gastos =2.000
(-) Reducción por ser pensionista SS = 600
(=) BASE DE CÁLCULO = 17.630
Cuota de retención1 = 3.608,70 (1)   *2.365,50 + (17.630 – 12.450) x 24%*

(+) Mínimo personal = 6.700
(5.550€ + 1.150€ - incremento por la edad del contribuyente superior a 65 años)
(=) MINIMO PERS. Y FAM. = 6.700
Cuota de retención2 = 1.273 (2)   *6.700 x 19 %*

Cuota de retención (1) – (2) = 2.335,70€
El tipo de retención aplicable será igual a: (2.335,70 / 21.650) x 100 = 10,79%
Importe anual de las retenciones: 21.650 x 10,79 % = 2.336,03 €

Ejemplo 36

A José, conductor de autobuses desde hace 15 años se le ha diagnosticado una enfermedad degenerativa en la espalda y después de estar de baja médica durante los últimos 18 meses pasa a la situación de incapacidad permanente absoluta, por lo que recibe de la Seguridad Social una pensión vitalicia de 870 euros mensuales. Además, recibe 4.000 euros anuales por trabajar dos horas diarias vendiendo periódicos y revistas en un quiosco de prensa. José está divorciado y no tiene niños. Los gastos de seguridad social a su cargo ascienden a 250 euros anuales. Calcular el tipo impositivo.

Solución:

Se entiende por incapacidad permanente absoluta para todo trabajo la que inhabilita por completo al trabajador que no podrá realizar ninguna actividad laboral, ni la ejercida hasta ese momento ni ninguna otra. Pero, aunque suene paradójico, si se puede compatibilizar esta situación con trabajar, siempre que el trabajo sea compatible con el estado del inválido y no suponga un cambio en la capacidad de trabajo. Hablamos de una actividad, sea o no lucrativa, que resulte posible con la capacidad residual del incapacitado.

Tanto la pensión por incapacidad permanente absoluta como la gran validez están exentas de tributar en el IRPF. Por otra parte, siendo declarado incapacitado permanente absoluto, a José se le corresponde automáticamente una discapacidad del 33 %.

(+) Retribuciones totales anuales = 4.000
(-) Gatos seguridad social = 250
(-) Otros gastos = 5.000   *(2.000€ + 3.500€ - reducción por discapacidad de trabajadores activos)*
(=) BASE DE CÁLCULO = **-1.750**

Al ser negativa la base para calcular el tipo de retención, no corresponde aplicar ningún tipo de retención.

www.ingramcontent.com/pod-product-compliance
Lightning Source LLC
Chambersburg PA
CBHW062225220526
45471CB00009B/3345